**BIBLIOTHÈQUE DES CAHIERS DE L'INSTITUT
DE LINGUISTIQUE DE LOUVAIN — 122**

Les constructions caus͏͏ maigache

par

Huguette FUGIER

professeur émérite

à l'Université Marc Bloch (Strasbourg)

PEETERS
LOUVAIN-LA-NEUVE – WALPOLE, MA
2009

A CIP record for this book is available from the Library of Congress

D. 2009/0602/22   ISSN 0779-1666   ISBN 978-90-429-2174-0 (Peeters Leuven)
                                       ISBN 978-2-7584-0060-8 (Peeters France)

© 2009 PEETERS   et   Publications Linguistiques de Louvain asbl
       Bondgenotenlaan 153
       B-3000 Leuven

Printed in Belgium

Les constructions causatives en malgache

par

Huguette FUGIER
professeur émérite
à l'Université Marc Bloch (Strasbourg)

TABLE DES MATIERES

I. OUVERTURE 8
1. La relation causative 8
    1.1. Relation causative vs relation causale 8
    1.2. De la cause à l'effet 8
2. La construction causative 11
    2.1. Les Verbes causatifs 11
    2.2. Schéma de base de la Phrase causative 12
3. Le matériau et la démarche 14
    3.1. Le matériau: un corpus 14
    3.2. La démarche 15
Conventions d'écriture 16
Remerciements 16

II. LA PHRASE CAUSATIVE A OPERATEUR MAN(A)- 18
1. L'opérateur *man(a)-*: identification 18
    1.1. *Man(a)-* comme forme signifiante 18
    1.2. *Man(a)-* comme opérateur syntaxique 19
2. Les réalisations 21
    2.1. En relation privative 22
        2.1.1. Le prédicat "causé" est un Adjectif 22
        2.1.2. Le prédicat "causé" est un Nom 23
    2.2. En relation équipollente 23
        2.2.1. Le prédicat "causé" est un Adjectif 24
        2.2.2. Le prédicat "causé" est un Verbe 24
        2.2.3. Le prédicat "causé" est un Nom 26
            a) En construction "être": *mi-andevo* vs *man-andevo* 26
            b) En construction "avoir": *mi-satroka* vs *mana-satroka* .. 27
        2.2.4. Pour récapituler: l'exemple de *manasina* 29
            a) Une qualité 29
            b) Des objets 31
            c) Un acte 32
3. Evaluation 33

III. LA PHRASE CAUSATIVE A OPERATEUR -AMP- 39
1. L'opérateur *-amp-*: identification 39
    1.1. *-amp-* comme forme signifiante 39
        1.1.1. 39
        1.1.2. 40
    1.2. *-amp-* comme opérateur syntaxique 42

2. Les réalisations.. 47
    2.1. *-amp-1*: sujet1<+ agentif>, sujet2 <+ contrôleur>.................. 48
        a) Sujet1 et sujet2 en coopération 48
        b) Sujet1 et sujet2 en contradiction 50
    2.2. *-amp-2*: sujet1 <+ agentif>, sujet2 <- contrôleur>................ 52
    2.3. *-amp-3*:sujet1 <- agentif>,sujet2 <+ contrôleur> ou <- contrôleur> 56
3. Evaluation... 62

IV. LA PHRASE CAUSATIVE A OPERATEUR MAHA- 66
1. L'opérateur *maha-*: identification 66
    1.1.*Maha-* comme forme signifiante............................... 66
        1.1.1. *Maha-* vs malais *maka-* 66
        1.1.2. *Maha-* vs *manka-* 67
        1.1.3. *Maha-* vs *miha-*.................................... 70
    Conclusion du paragraphe 1.1. 72
    1.2. *Maha-* comme opérateur syntaxique: *maha-* causatif vs *maha-*
    potentiel... 73
2. Les réalisations.. 76
    2.1. *Maha-1*: sujet1 <+ animé, + agentif> 76
        a) *Mah-andriana*.. 77
        b) *Maha-finaritra* 77
        c) *Maha-manjaka* 80
    2.2. *Maha-2*: sujet1 <- animé, + agentif> 82
    2.3. *Maha-3*: sujet1 <- animé, - agentif>...................... 86
        2.3.1. *Maha-3* dans les énoncés d'identification.................. 87
        2.3.2. *Maha-3* dans les énoncés de désignation.................. 91
3. Evaluation 96

V. LES VERBES OPERATEURS DE CAUSATIVITE: MANAO 102
1. *Manao mandry ny fanjakana*: une construction à pivot................... 103
    1.1. Avec un Verbe prospectif 103
    1.2. Avec un Verbe conatif 104
    1.3. Avec un Verbe factif 104
2. *Manao izay hampatanjaka anao*: une construction relative 109
    2.1. 109
    2.2. 110
    2.3. 111
3. *Manao izay hanala henatra ahy*: une construction conjonctive........... 112
    3.1. 112
    3.2. 115
4. Pour conclure 117
    4.1... sur les paragraphes 2-3: le trajet de la causativité 117
    4.2... et sur l'ensemble du chapitreV................................ 119

VI. A VOL D'OISEAU 121
1. La Phrase causative 121
2. Le jeu des affixes 122
      2.1. 123
      2.2. 123
3. Le "faire" et la cause 124

REFERENCES 126
CORPUS 129
INDEX 131
      3.2. 115

Cet ouvrage se propose de décrire la *relation causative* telle qu'elle se réalise en malgache par une *construction* grammaticale appropriée. Le travail descriptif trouvera dans un corpus de textes à la fois son *matériau* et la nécessité de sa *démarche*. Les trois paragraphes suivants reprennent l'un après l'autre, pour éclaircissements, chacun de ces termes.

1. La relation causative.

1.1. Relation causative vs relation causale. Les événements, processus ou états qui se donnent à voir dans le monde sont liés entre eux par des chaînes de causes, dont maintes études travaillent à évaluer l'adéquation au réel observé aussi bien que le statut épistémologique (voir entre beaucoup d'autres SOSA et TOOLEY 1993; KISTLER 1999). Mais il y a loin de cette relation *causale* extra-linguistique à la relation *causative* qui fait l'objet de notre recherche, et se définit comme la relation d'une cause à un effet telle qu'elle s'exprime dans une langue naturelle. De fait, notre propos ne vise à rien de plus qu'à chercher comment la langue malgache met en oeuvre ses propres ressources pour encoder la relation de la cause à l'effet.

1.2. De la cause à l'effet. Dans leur expression linguistique tout comme dans le monde, cause et effet ne sont tels que l'un par rapport à l'autre, c'est pourquoi tous deux se trouvent normalement associés dans le même énoncé. Cet énoncé se réduit parfois à une Phrase syntaxiquement simple, suivant le schéma:

I.1. Maty	**nohon'**	**ny**	**hanoana-**	**ny**	**izy**
mort	à cause de	le	faim-	de lui	il

= litt. "Il est mort pour cause de faim" (exemple de ABINAL-MALZAC, s.v. *Noho*).

c.à.d. **Maty izy**   **nohon'ny hanoana-ny**
      noyau de Phrase   Syntagme Prépositionnel

Méritent toutefois plus d'intérêt les dispositifs combinant deux Phrases syntaxiquement complètes et divergeant par le contenu signifié, soit: une Phrase (cause) et une Phrase (effet). Avec les deux membres de cette paire la langue organise, pour ainsi dire, deux trajets inverses, soit de l'effet à la cause soit de la cause à l'effet –chacun réalisable en plusieurs constructions diverses. A titre d'exemples, les quatre énoncés suivants illustrent respectivement:

I.2. Le trajet Phrase (effet) ---> Phrase (cause) réalisé par un procédé de subordination syntaxique

I.3. Le trajet Phrase (effet) ---> Phrase (cause) réalisé par un procédé de corrélation

I.4. Le trajet Phrase (cause) ---→ Phrase (effet) réalisé par un procédé de subordination syntaxique

I.5. Le trajet Phrase (cause) ---→ Phrase (effet) réalisé par un procédé de coordination asymétrique.

Un court commentaire suivant chaque énoncé en explicitera la construction.

I.2. Tsy	**afaka**	**Rakoto**	**satria**	**manavy**	**ny**	**zana-ny**
ne...pas	libre	N propre	parce que	avoir la fièvre	le	enfant-de lui

= "Rakoto n'est pas libre parce que son enfant a la fièvre".

<u>Commentaire.</u> La Phrase (effet) "Rakoto n'est pas libre" gouverne la Phrase (cause) "son enfant a la fièvre" par le moyen de la conjonction *satria*.

I.3. Ialahy	**angaha**	**manantena**	**hangalatra**	**no**
tu	peut-être	espérer	voler futur	connecteur

tsy	**mba**	**miasa**
ne..pas	particule assertive	travailler

= "Tu espères peut-être vivre de larcins, que tu ne travailles pas ?" (CALLET: 807. Traduction personnelle).

<u>Commentaire.</u>Le connecteur *no* met en corrélation deux Phrases syntaxiquement complètes et liées par leur sujet commun *Ialahy*, mais différant par leur statut énonciatif. La seconde en ordre linéaire: "tu ne travailles pas" énonce sur le mode assertif un état de fait présenté comme dûment inscrit dans la réalité; la première: "Tu espères vivre de larcins" présente sur le mode dubitatif une donnée supposée pouvoir être la cause de l'effet constaté.

I.4. Ka	**ny**	**andriana**	**hiany**	**mampifona**
et	le	roi	de toutes façons	fait présenter des supplications

ny	**ambaniandro**
le	peuple

= "Et le roi amenait lui-même la population à présenter des supplications" (CALLET: 770).

<u>Commentaire.</u> Le morphème *-amp-* assume la fonction de prédicat "causateur" par rapport au Verbe *mifona* qu'il infixe, et qu'il installe de ce fait en position

de prédicat "causé" : un dispositif explicité au § 2 ci-après.

I.5. Natahotra **loatra** **izy,** **ka** **nifindra** **teo** **akaikin'**
avoir peur   très   il   et alors   se rendre   là   près de

izay **zohy** **lehibe** **izay**
ce   caverne   grand   ce

= "Il eut très peur, et alors il s'en alla près de cette grande caverne" (RAMA-ROSON-GIAMBRONE: 27).

<u>Commentaire.</u> Les deux Phrases (cause) et (effet), syntaxiquement équipollentes et à ce titre coordonnées par *ka*, ne peuvent pour autant s'intervertir librement en ordre linéaire.Car la copule consécutive *ka* "et alors, en conséquence de quoi...", à l'inverse de copules symétriques telles que *ary* "et", impose entre les deux Phrases corrélées un ordre de succession qui procède de l'antécédent vers le con séquent.

    Ce parcours surplombant –assurément incomplet- a paru nécessaire pour montrer quelle variété de moyens la langue met en oeuvre afin de coder la relation cause-effet, et quelle somme de recherches serait requise, de la syntaxe aux stratégies argumentatives, pour couvrir le domaine. Mais parmi tous ces possibles le moment vient de faire des choix. Ce livre ne veut rien de plus que décrire les constructions causatives, c'est-à-dire celles qui s'organisent autour d'un opérateur "faire (telle personne agir ainsi, tel événement survenir)" lui-même réalisé soit par un affixe verbal *man(a)-/-amp-/maha-* soit par un Verbe *manao (izay...)*. Ce projet implique deux restrictions, fondées l'une sur un renoncement et l'autre sur une indifférence. Sur un renoncement car vouloir rester, avec les constructions causatives, dans une problématique de subordination suppose de laisser hors champ les paires de Phrases cause-effet qui se présentent comme simplement corrélées comme I.3. ou liées par une coordination asymétrique à la façon de I.5 (quelques-unes, étudiées par ailleurs dans FUGIER: 2004 b). Sur une indifférence en ce qui concerne la distinction entre les trajets qui relient deux Phrases soit dans le sens de la cause à l'effet comme I.4. ou I.5. soit dans le sens de l'effet à la cause comme I.2. ou I.3. Le locuteur choisit l'un ou l'autre trajet suivant l'ordre dans lequel il perçoit la source et le terme de la relation causale (NOORDMAN et DE BLIJZER 2000). Mais ce choix important pour les études cognitives n'intéresse pas la syntaxe car il traverse toutes les possibilités de constructions offertes par la langue sans tenir à aucune par un lien nécessaire. Les deux trajets se réalisent ainsi en paires coordonnées ou corrélées aussi bien qu'en syntaxe de subordination. Et dans ce dernier cas, la cause s'exprime indifféremment par un Syntagme Prépositionnel extérieur au noyau de la Phrase, comme *nohon'ny hanoana-ny* en I.1. ou par un préfixe inséré devant le Verbe "causateur", comme *naha-faty* dans la possible reformulation de I.1:

Naha-faty azy ny hanoana-ny
= "La faim l'a fait-mourir".

Or en ce dernier cas, par-dessus la différence signifiée entre l'un et l'autre trajet, le préfixe et le Syntagme Prépositionnel n'en sont pas moins fonctionnellement équi-valents (sans rien qui les sépare hors leur réalisation *incorporée* vs *dé-cumulée* suivant LEMARECHAL 1996, dont les pages 161-165 sont reproduites dans BSL 101/1, 2006: 457-461; et 1998: 187-198) –ce qui nous permettra précisément d'utiliser l'un comme paraphrase de l'autre suivant les besoins de vérification en cours de recherche (comme dans l'exemple III.15…).

Mais cette construction causative objet de notre enquête, comment la saisir et comment poser le schéma syntaxique qui la constitue comme telle ?

2. La construction causative.

2.1. Les Verbes causatifs. Parmi les Verbes causatifs il est usuel de distinguer, avec B.Comrie, entre les lexicaux, les morphologiques et les analytiques c'est-à-dire syntaxiques (COMRIE 1990: 331). Les lexicaux ne nous retiendront pas, non seulement à cause de la difficulté à s'assurer que *mamono* "tuer" vaut effectivement pour le causatif sémantique de *maty* "(être) mort" (question classiquement discutée à propos de la relation de *to kill* à *to die*, cf. FODOR 1970; WIERZBICKA 1975; et pour une classification générale des causatifs sémantiques par rapport à leur Verbe de base, VAN VALIN et LAPOLLA 1997: 97), mais surtout parce qu'il ne s'agit pas d'un procédé régulièrement productif dans la langue: puisqu'ils ne comportent en effet aucun morphème capable de jouer le rôle d'outil dans une construction normale de la langue.

C'est au contraire l'utilité fonctionnelle de leur affixe qui caractérise les causatifs morphologiques,
soit préfixés par *man(a)-* ou *maha-* (à décrire aux chapitres II et IV)
soit infixés par *-amp-* (à décrire au chapitre III);
comme c'est de même l'utilité fonctionnelle du Verbe "causateur" *manao* qui fait proprement de ce dernier un causatif syntaxique (dans les constructions *manao mandry* "faire (quelqu'un) être en paix" ou *manao izay...* "faire en sorte que..." à décrire au chapitre V). Causatifs morphologiques et syntaxiques sont d'ailleurs à prendre ensemble, comme deux catégories qui se chevauchent, partageant les mêmes propriétés et aptitudes. Car d'une part le causatif syntaxique *manao (mandry)* ne se comporte pas autrement que l'infixé *m-amp-andry* "faire (quelqu'un) être en paix", dont il ne diffère que par sa moindre intégration à la forme verbale *mandry*; d'autre part l'affixe des causatifs morphologiques n'a d'autre raison d'être que de produire ce dispositif syntaxique de dépendance entre deux prédicats "causateur" et "causé" que nous nommerons construction causative. Tous les Verbes causatifs, tant les affixés

11

que *manao*, méritent donc également le nom d'unités morpho-syntaxiques; et à ce titre, se prêtent également à occuper en Phrase causative une seule et même position: celle de prédicat "causateur". C'est cette position qu'il faut maintenant situer dans le schéma de la Phrase causative.

2.2. Schéma de base de la Phrase causative. L'énoncé I.4. choisi plus haut pour exemplifier la construction causative montre comment
   "Le roi <u>fait</u>": *-amp-*
   "<u>la population</u> présenter des supplications": *mifona ny ambaniandro.*
C'est-à-dire que le morphème *-amp-* fonctionne ici comme un opérateur appliqué à la Phrase opérande *mifona ny ambaniandro.* Empruntée à la logique, la notion d'opérateur rend service au linguiste en ceci qu'elle attribue clairement à la Phrase opérande sa valeur d'événement/état **causé** par une opération **causatrice**. Cependant le linguiste, qui raisonne en termes de constructions, ne manquera pas de reconnaître dans l'opérateur *-amp-* le **prédicat** du **sujet** "causateur" *ny andriana* "le roi". Ainsi l'énoncé I.4. apparaît-il constitué de deux Phrases complètes car formées chacune des constituants in-omissibles et suffisants (sujet + prédicat):

	sujet	prédicat
Phrase "causatrice"	*ny andriana*	*-amp-*
Phrase "causée"	*ny ambaniandro*	*mifona*

Cette analyse vaut pour n'importe quel énoncé causatif, quelle que soit la réalisation morphologique de son opérateur, c'est-à-dire de son prédicat "causateur": *man(a)-, -amp-, maha-* ou *manao*. Comme l'a montré méthodiquement Ch.Randriamasimanana, toute *causative construction* résulte d'une fusion entre deux Phrases, dont celle qui renferme le morphème "causateur" intègre syntaxiquement l'autre (RANDRIAMASIMANANA 1986: 591). Le schéma suivant demeurera donc au fondement de toutes les analyses qui au long des chapitres II à V formeront le corps du présent ouvrage:

(sujet1	+	prédicat1) +	(sujet2	+	prédicat2)
"causateur"		"causateur"	"causé"		"causé"

L'ensemble de la Phrase "causatrice" et de la Phrase "causée" constitue l'**hyper-Phrase** causative. Ce schéma requiert cependant plusieurs sortes de précisions, que l'on rangera sous deux titres en forme de questions.

a) En quoi consiste la relation de l'hyper-Phrase causative *Ny andriana hiany mampifona ny ambaniandro* à la Phrase de base (c.à.d. non encore atteinte par l'opérateur causativant) correspondante *Mifona ny ambaniandro* ? Chacun voit que l'opération causative a pour effet d'ajouter un actant –en l'espèce, le sujet "causateur"; et que par ce fait, le sujet de la Phrase résultante (*ny andriana*) diffère de celui qui figurait dans la Phrase de base (*ny ambaniandro*). Ce qui a pu parfois donner argument pour identifier la Phrase complexifiée *Ny andriana mampifona* comme la réalisation d'une voix causative- en vertu du principe qu'à chaque sous-classe sémantique de sujets doit correspondre une voix particulière. Il est vrai qu'en malgache, une Phrase de base se transforme en voix diverses suivant que l'un ou l'autre de ses actants vient occuper la position de sujet, et qu'il existe ainsi par un jeu de permutations à partir d'une Phrase simple active:

- une voix objective (ou passive) quand l' "objet" sémantique accède à la position de sujet
- une voix bénéfactive (ou applicative) quand le "bénéficiaire" accède…
- une voix instrumentive quand l' "instrument" accède…

Mais tout autre est la construction causative ! Le sujet "causateur" de la Phrase complexifiée I.4. ne trouve sa source en aucun actant préalablement donné dans la Phrase de base. Ajouté en surcroît par un locuteur qui se saisit d'une Phrase première déjà constituée pour l'enrichir en causative, ce sujet *nouveau venu* n'arrive pas seul mais associé à l'opérateur *-amp-*, de telle sorte que tous deux forment ensemble la Phrase incluante où vient s'insérer ce qui devient de ce fait la Phrase "causée": une opération linguistique sans aucun rapport avec la permutation d'actants qui dans les limites d'une Phrase donnée constitue proprement le phénomène de voix (position plus longuement argumentée dans FUGIER 1999: 55). Etudier les constructions causatives revient donc, sans plus, à décrire les moyens linguistiques par lesquels un opérateur de cause saisit l'opérande constituée par la Phrase de base.

b) A l'intérieur de l'hyper-Phrase causative *Ny andriana hiany mampifona ny ambaniandro*, en quoi consiste la relation entre la Phrase "causatrice" (*Ny andriana* + *-amp-*) et la Phrase "causée" (*ny ambaniandro* + *mifona*) ? Cette relation est faite d'un ensemble de contraintes tant morphologiques que syntaxiques. D'une part l'affixe "causateur" doit nécessairement s'insérer dans le radical verbal fourni par la Phrase "causée": d'où l'amalgame *m-amp-ifona*. D'autre part le prédicat "causateur" prend pour "objet" l' "agent" de la Phrase "causée" *ny ambaniandro*; ce qui se traduit en syntaxe par le fait que cet "agent" se trouve trans-codé de sujet grammatical en complément direct, à preuve la commutation admise de *ny ambaniandro* avec le pronom personnel en son cas-objet *azy* (formellement distinct du cas-sujet *izy*):

Izy mifona > *Ny andriana hiany mampifona **azy***
litt. "**Ils** présentaient des supplications" > "Le roi lui-même faisait **eux** présenter des supplications".

Le malgache rejoint sur ce point, sans surprise, la cohorte des langues organisant la construction causative autour d'un actant *pivot*, qui est à la fois, en

13

sémantique "agent causé" et en syntaxe "objet du prédicat causateur", conséquemment re-codé de sujet en complément (sur les fonctions actancielles et sur leur codage dans les causatives, voir les exemples en diverses langues dans ALSINA 1992).

Un Verbe complexe produit par l'affixation du Verbe "causé", une construction à pivot: par ce double moyen les deux Phrases "causatrice" et "causée", malgré leur dissymétrie fonctionnelle et leur inégalité hiérarchique, parviennent à se souder en une hyper-Phrase causative, tout à la fois complexe et unique.

De la structure de Phrase ainsi brièvement caractérisée, il nous faudra étudier les réalisations dans un ensemble d'énoncés réels. Ce qui amène à présenter le corpus collecté à cet effet, ainsi que la démarche retenue pour en faire le meilleur usage.

3. Le matériau et la démarche.

3.1. Le matériau: un corpus. Les énoncés utilisés dans cet ouvrage proviennent d'un corpus, dont les références se trouvent en fin du livre. Cet ensemble de textes présente les limites et les avantages de tout corpus. Les résultats obtenus par sa description ne concernent évidemment que l'état de langue qu'il met en oeuvre, soit: le malgache écrit tel qu'il est pratiqué entre le milieu du XIXe siècle et la fin du XXe siècle. Encore dans ce cadre faut-il distinguer des périodes et des genres. Les *Contes des Anciens* (*Anganon'ny Ntaolo*), notés par des missionnaires norvégiens autour de L.Dahle, et repris avec quelques ajouts par J.Sims d'après la deuxième édition de 1908, représentent donc la rédaction en merina de récits aux origines diverses. Les *Ohabolana ou proverbes malgaches*, transcrits dans des conditions analogues par la plume de J.A.Houlder à partir de 1894 et repris un siècle plus tard dans la collecte élargie de O. Rickenbacher, furent sans doute mieux protégés d'éventuelles reformulations par la nécessité de conserver leurs rythmes et leurs assonances; ce qui est vrai à plus forte raison des *Hain-teny merina* recueillis par J.Paulhan en 1908-1910. Quant à l'*Histoire des Rois à Madagascar* (*Tantara ny Andriana teto Madagasikara*), cette somme immense de traditions relatives à l'histoire, aux institutions, aux croyances et pratiques sociales de l'Imerina collectées par F.Callet auprès de témoins âgés –eux-mêmes bons représentants des milieux aristocratiques merina hautement cultivés (dans des conditions précisées par A.DELIVRE 1974: 45 sq)- cette somme publiée en plusieurs volumes entre 1873 et 1881 est considérée comme un monument du malgache *classique ancien*. Mais c'est à l'état de langue moderne que revient le nom de *malgache standard*. Le malgache standard est une langue normée, dite *officielle* comme étant celle de la République malgache, et *commune* (*iombonana*) en ce qu'elle se donne pour point de convergence aux différents dialectes dont les apports viennent enrichir son fonds merina (sur ces termes, voir DOMENICHINI-

RAMIARAMANANA 1977: 20-24). Les locuteurs cultivés l'élèvent au niveau d'un *classique moderne* –celui qu'illustrent les auteurs de nouvelles ou romans cités dans cet ouvrage tels qu'Andraina, Andriamalala, Barijaona, Rasoloarimalala, Ratsifandrihamanana, complétés par quelques exposés de philosophie (Rahajarizafy), d'histoire (Randriamamonjy) ou par tel manuel pédagogique rédigé par deux plumes expérimentées (Ramaroson et Giambrone); tandis que d'autres, comme Rapatsalahy, laissent entendre la parole moins surveillée de la vie quotidienne. Ce corpus tel qu'il est, avec ses limites inévitables, donne à voir au moins l'usage de locuteurs malgachophones, en l'absence de tout énoncé fabriqué par l'observateur vazaha (francophone en l'occurrence): les quelques commentaires ajoutés à des fins d'expérience ou vérification proviennent eux aussi de malgachophones natifs. Un décalage se fait certes sentir à l'intérieur de ce corpus entre des productions aussi distantes que peut l'être Rapatsalahy de Callet... Mais l'écart concerne le lexique et le style c'est-à-dire la valeur des mots dans des contextes historiques différents, la manière de rédiger; et ne doit pas mettre en cause une étude de syntaxe dont le seul propos consiste à décrire une construction causative présente de façon constante dans tous les états connus de la langue malgache.

L'*orthographe officielle* n'aura à subir, sur l'ensemble du corpus, que deux exceptions. L'une concerne le *Tantara ny Andriana* dont le rédacteur pratique une orthographe aujourd'hui hors norme, parfois difficile à interpréter. Les énoncés issus de ce recueil ont donc été reproduits dans leur forme originelle, puis retranscrits en inter-linéaire suivant l'orthographe officielle chaque fois que la graphie ancienne pouvait nuire à la visibilité de la structure morpho-syntaxique. L'autre exception vient de notre fait. Elle consiste en ceci que pour faciliter la compréhension des formes nous avons régulièrement séparé par un tiret l'affixe "causateur" du radical affixé subséquent, ainsi *mana-paritaka, m-amp-ifona*: ceci, en dépit du résultat non souhaité qui consiste à abolir ainsi la différence entre *maha-finaritra* causatif = "rendre (quelqu'un) content" et *maha-ongotra* potentiel = "pouvoir arracher" (ce dernier, seul bénéficiaire du tiret selon l'orthographe officielle, cf. RAJAONARIMANANA 1995 a: 24, 58); et sous cette réserve que les formes phonétiquement amalgamées comme *manafo* "couvrir d'un toit", de*man-tafo*, excluent de ce fait l'usage du tiret. Par le même procédé graphique et pour la même raison de lisibilité nous avons séparé le pronom-suffixe -*ko/-nao/-ny*... = "de moi/de toi/de lui..." ("possesseur" et "agent" du passif) de son radical nominal ou verbal antéposé.

3.2. La démarche. On a fortement insisté jusqu'à présent sur la structure syntaxique commune aux diverses Phrases causatives quel que soit l'affixe en fonction de prédicat 2. Il n'en subsiste pas moins entre elles un large espace de variation selon que ce prédicat "causateur" s'y réalise par *man(a)-, -amp-, maha-* ou par *manao*. Et l'intérêt de notre étude consistera justement à comparer

15

les différentes manières dont chacune de ces formations réussit à exprimer dans la langue la relation de cause. Il existe en effet plusieurs degrés et modalités de dépendance entre les procès qu'expriment respectivement les deux Phrases "causative" et "causée" (voir l'échelle établie, de la *cognition* à la *manipulation* par GIVON 1990 II: 556; et du *persuasif* à l'*abilitatif* par RANDRIAMASIMANANA 1988: 219); ainsi que des relations diversifiées entre les deux "agents" codés comme sujets "causateur" et "causé". De telles échelles sémantiques apparaissent elles-mêmes corrélées à la dépendance plus ou moins forte qu'impose le prédicat "causateur" au "causé" sur lequel il opère. Ce qui invite à ranger les Verbes causatifs en tenant compte de leur caractère plus ou moins serré ou *compact* (GIVON 1990 II: 516 sq; 537), c'est-à-dire, quand il s'agit du malgache, à procéder, à partir du pôle *plus*, dans l'ordre suivant:

La Phrase causative à opérateur *man(a)-* = chapitre II
La Phrase causative à opérateur *-amp-* = chapitre III
La Phrase causative à opérateur *maha-* = chapitre IV
Les Verbes opérateurs de causativité: *manao (izay...)* = chapitre V.

Chaque chapitre s'achèvera sur une *Evaluation* reposant elle-même sur une série de tests, selon le modèle donné par Ch.RANDRIAMASIMANANA (1986: 176). Une dernière vue d'ensemble (chapitre VI) se chargera de collecter les résultats obtenus.

CONVENTIONS D'ECRITURE.
N = Nom
SN = Syntagme Nominal
V = Verbe
SV = Syntagme Verbal
Préd. = prédicat
Suj. = sujet
Cd = complément direct, ou complément d' "objet"
P = Phrase, considérée comme unité syntaxique complète
P1 désigne conventionnellement la Phrase "causatrice". La P1 comporte:
un suj.1 = sujet "causateur"
et un préd.1 = prédicat "causateur"
P2 désigne conventionnellement la Phrase "causée". La P2 comporte:
un suj.2 = sujet "causé"
et un préd.2 = prédicat "causé"
L'ensemble (P1 + P2) constitue la Phrase causative entière, ou hyper-Phrase.

REMERCIEMENTS. Toute ma gratitude va à Madame Hanta Rakotomavo et à Madame Dina Ramanantsalama-Andriamaholisoa pour avoir donné bien des énoncés utiles et vérifié plusieurs de mes paraphrases ou interprétations. Bien des problèmes liés à la réalisation en traitement de texte n'auraient pas trouvé leur solution sans l'infinie générosité des amis de toujours, Benoit Rether et Sébastien Rether. *Misaotra*, "merci" également au Professeur Yves Duhoux d'accueillir ma recherche, encore une fois, dans la *Bibliothèque des Cahiers de l'Institut de Linguistique de Louvain*. Toutes ces aides désintéressées ont soutenu mon travail.

II. LA PHRASE CAUSATIVE A OPERATEUR MAN(A)-

1. L'opérateur man(a)- : identification.

1.1.Man(a)- comme forme signifiante. La graphie complexe *man(a)-* adoptée dans cet ouvrage a semblé utile pour embrasser les deux réalisations *man-* et *mana-* d'un unique morphème. De ce morphème, *man-* constitue la forme de base à partir de laquelle s'éclaire la question de son origine. Car *man-* est l'héritier malgache d'un étymon austronésien. Selon O.C.Dahl, dans l'état primitif reconstitué par induction, une consonne nasale d'articulation vélaire préfixée au radical verbal suffisait à produire un Verbe agentif (DAHL 1951: 149 sq). Les langues d'ascendance austronésienne présentent en général la forme plus développée *men-* ou *man-* (TSIMILAZA 2002: 112) –la question se posant, pour cette forme et en chaque parler, de bien identifier le point où s'articule le -n- final. S.Raharinjanahary pose un archiphonème **maN-* pour servir de matrice explicative aux diverses réalisations recensées. A.Tsimilaza doute qu'un tel objet construit par la pensée puisse saisir adéquatement le donné phonétique empiriquement observable (2002: 104); préférant donc induire à partir des formes relevées en malais, tagalog et autres, il identifie comme primitif le [n] vélaire, tel que le conserve jusqu'à nos jours le malais indonésien noté *meng-* (2002: 111). Sur le domaine malgache, observe le même auteur, la forme à nasale vélaire se conserve dans les dialectes qui possèdent ce son et l'intègrent dans leur système phonologique; les autres –dont le merina, base du malgache standard- produisent en cette position une denti-alvéolaire (2002: 93; 113). Telle est donc l'origine de *man-*: un morphème austronésien, altéré toutefois, en ce qui concerne sa nasale finale, par un glissement de son point d'articulation de l'arrière vers l'avant.

A côté de *man-* existe aussi *mana-*. Quelle est donc la relation entre ces deux formes ?

Man- semble être et rester la forme de base. Le dictionnaire d'Abinal-Malzac liste 739 Verbes usuellement préfixés par *man-*; auxquels s'ajoutent les 301 dont le préfixe suivi de [p, b, f, v] donne le résultat *mam-*, comme en *man-* + *vely* > *mamely* "frapper". C'est là un phénomène de sandhi, dont la liste *man-* abrite elle-même des réalisations différentes: *kaikitra* > *manaikitra* "mordre", *lainga* > *mandainga* "mentir" … Par comparaison du malgache avec d'autres langues apparentées, par exemple en rapportant les règles combinatoires du malgache selon RAHAJARIZAFY (1960: 49) à celles du malais indonésien d'après le tableau d'assimilation de ATMOSUMARTO (1994: 106), on voit dans ce mode de jonction un procédé hérité, et dans les Verbes malgaches ainsi préfixés, un ensemble stocké de toute ancienneté dans le lexique.

Et *mana-* ? Sans prendre parti sur sa relation avec *man-*, Abinal-Malzac indique simplement que *ce préfixe verbal, qui forme des Verbes actifs et donne à la racine une idée de causalité, se met devant des radicaux verbaux commençant par une consonne* (ABINAL-MALZAC: s.v. *Mana-*). Disons-le donc de façon plus explicite: les deux variantes sont à considérer ensemble, c'est-à-dire que la forme élargie *mana-*, venant s'associer en paire avec le simple *man-*, introduit de ce fait dans la langue un procédé de distribution complémentaire, en concurrence avec la situation décrite au paragraphe précédent. Car là où quelques ajustements phonétiques suffisaient à préposer *man-* aux initiales tant consonantiques que vocaliques du radical subséquent, une solution alternative apparaît qui consiste à placer distinctivement: *man-* devant les initiales vocaliques comme en *man-ala* "faire partir, ôter" et *mana-* devant les consonantiques comme en *mana-tobaka* "faire déborder". Hors du merina les deux variantes *man-* et *mana-* coexistent dans des dialectes comme le tanala (BEAUJARD 1998: s.v. *Mana-*). *Mana-* semble aujourd'hui encore progresser dans l'usage puisque les jeunes locuteurs malgachophones n'hésitent pas à innover en créant par son moyen des Verbes préfixés jusqu'alors inusités (suivant les observations de ANDRIANIERENANA 1996 a: § 7.1.3).

Il n'en subsiste pas moins dans l'état actuel de la langue une large zone de chevauchement, telle que nombre de radicaux à initiale consonantique se préfixent simultanément par *man-* et *mana-*, cumulant ainsi les deux traitements offerts en pareil co-texte phonétique: soit maintien de la forme brève *man-* au prix d'une soumission aux règles du sandhi, soit préférence pour la forme élargie *mana-*. Aux paires ainsi constituées, dont C.L.Andrianierenana collecte une soixantaine dans le dictionnaire d'Abinal-Malzac, correspondent parfois deux valeurs sémantiques distinctes, ainsi pour les préfixés fondés sur les radicaux *fana* "chauffer", *tongalika* "s'agenouiller", *tangongo* "se grouper" (étudiés en détail par ANDRIANIERENANA 1996 a: § 7.1.2); mais le plus souvent aucune divergence de sens n'accompagne ce dimorphisme suffixal.

De toutes façons, le comportement syntaxique de *man-* et *mana-* reste partout rigoureusement identique. Et là gît l'essentiel. *Man-* et *mana-* sont finalement des allomorphes, c'est-à-dire des variantes de réalisation d'un morphème fonctionnellement unique. Sous la graphie synthétique *man(a)-*, c'est donc le préfixe *man-* = *mana-* qui va faire l'objet du présent chapitre.

1.2. Man(a)- comme opérateur syntaxique. Reconnaître à *man(a)-* le statut d'opérateur dans la construction d'un énoncé causatif revient à dire qu'il occupe dans le schéma structural:

suj.1 "causateur" + (préd.1 "causateur" + préd.2 "causé") + suj.2 "causé"

la position de préd.1 "causateur". Ainsi fait *man(a)-* préposé au préd.2 "causé" *paritaka* en :

II.1.Nana-	paritaka	ny	fahavalo	ny	andriana
faire	dispersé	le	ennemi	le	prince
préd.1	préd.2		suj.2		suj.1

= "Le prince dispersa les ennemis".

L'aptitude à occuper cette position s'impose en commun comme condition définitoire à l'ensemble des affixes qui seront reconnus plus loin comme causatifs: à -amp- ou maha- aussi bien qu'à man(a)-. Mais une exigence supplémentaire pèse sur man(a)- : celle de satisfaire à un critère qui permette de retenir, parmi les constructions de man(a)-, les causatives à l'exclusion des simples transitives. Car man(a)- se prête aux deux. Il est vrai que pour le sens la transitivité touche aux valeurs factitives de "réalisation, activité productive" (question richement documentée dans COMRIE-POLINSKY 1993). Il n'en existe pas moins deux constructions syntaxiquement distinctes. Comparons en effet, à l'analyse explicitée sous II.1, celle que requiert la Phrase II.2:

II.2. Nam-boly	fary	betsaka	izy
planter	canne à sucre	beaucoup	il
Verbe	compl. d'objet		sujet

= "Il a planté beaucoup de cannes à sucre" (exemple de ABINAL-MALZAC: s.v. *Voly*).

Namboly y constitue le prédicat unique, quoique complexe, de cette Phrase simple, c'est-à-dire que l'élément *man-* n'y accède pas à une fonction de préd.1, mais simplement au rôle sémantique d'un préfixe, par l'action duquel le radical *voly* se trouve à la fois transitivé et orienté vers une interprétation active-factitive. La différence structurelle entre II.1. et II.2. consiste donc en ceci que la construction causative II.1. comporte deux prédicats, appliqués respectivement à deux sujets "causateur" et "causé"; la construction transitive, un syntagme verbal (Verbe + complément d'objet) appliqué à son unique sujet.

Est-il pourtant impossible, dira-t-on, d'interpréter II.2. comme une hyper-Phrase causative en lui associant l'analyse:

Nam-	boly	fary	izy
préd.1	préd.2	suj.2	suj.1

= litt. "Il fit des cannes à sucre pousser" ?

A une telle analyse l'objection dissuasive consiste en ceci qu'en face de II.2. n'existe aucun énoncé "non encore causé", tel que serait *Nivoly fary betsaka* = "De nombreuses cannes à sucre étaient plantées", dont II.2. pourrait être considéré comme le corrélat causatif, alors qu'à l'inverse l'énoncé II.1. prétend à bon droit au statut de causative syntaxique parce qu'il est, par l'effet de l'opérateur *man(a)-*, le corrélat d'un énoncé existant dans la langue:

II.3. Niparitaka   **ny**   **fahavalo**
     se disperser   le   ennemi
     passé

= "Les ennemis se dispersèrent" (exemple de ABINAL-MALZAC: s.v. *Paritaka*).

A quoi s'ajoute pour argument la paraphrase par *satria...*, qui explicitant de façon naturelle le contenu signifié de *man(a)-* en confirme la qualité causative –ainsi à partir de:

II.4. Ni-paritaka   **ny**   **fahavalo**   **satria**   **nana-paritaka**
     se disperser   le   ennemi   parce que   faire-disperser
     passé   passé

azy   **ny**   **andriana**
  eux   le   roi

= "Les ennemis se dispersèrent parce que le roi les fit se disperser"

(autres exemples dans ANDRIANIERENANA 1996 a: § 1.4.1).

Ainsi dûment identifié par différence avec le fonctionnement transitif, l'emploi causatif de *man(a)-* doit être à présent décrit dans la variété des Phrases malgaches dont il soutient la construction.

2. Les réalisations. Le préd.2 préfixé par *man(a)-* repose sur des bases morphologiques diverses: soit nominales, soit adjectivales ou verbales; et entre ces classes morphosyntaxiques le choix n'est pas indifférent, s'il est vrai que chacune confère à l'ensemble de l'énoncé quelque chose de ses propriétés particulières. Cependant l'étude détaillée des formes ne figure pas au cahier des charges d'une recherche orientée vers la syntaxe; et de toutes façons c'est à la syntaxe que revient en dernière instance le pouvoir de fonder une classification –comme le montre ce fait que les préd.2 construits sur une seule et même catégorie morphologique n'en recouvrent pas moins parfois deux constructions différentes (voir l'exemple de *manandevo* vs *manasatroka* en 2.2.3. ci-après). Dans la mesure où l'inventaire suivant procède par "parties du discours", on ne verra donc là qu'un moyen de présenter par ordre les réalisations de la Phrase causative telle qu'organisée autour de son noeud prédicatif (*man(a)-* + préd.2).

Mais d'autre part, comme on l'a dit (en 1.2) chaque énoncé causatif inclut à titre de P2 "causée" un énoncé "non encore causé" existant dans la grammaire de la langue et dont le prédicat va devenir, par l'effet de l'opérateur *man(a)-*, un préd. "causé". Or le prédicat ainsi "causé" se présente lui-même soit dépourvu soit pourvu de préfixe. De fait, au préfixé *mana-foana* répond, en une relation privative, le non-préfixé *foana* tandis qu'au préfixé *mana-poaka* répond, en une relation équipollente, le préfixé *mi-poaka*. Si nous voulons donc distinguer plusieurs sous-ensembles de causatives d'après l'identité du prédicat "causé" inclus par chacun d'entre eux, ce sont finalement deux principes de classification croisés qui viendront encadrer notre tableau. Soit:

2.1. En relation privative, à *man(a)-* correspond un prédicat "causé" non-préfixé

        Soit adjectival

        Soit nominal

2.2. En relation équipollente, à *man(a)-* correspond un prédicat "causé" préfixé

        Soit adjectival

        Soit verbal

        Soit nominal.

En 2.3. un exemple détaillé servira enfin à montrer qu'un seul et même lexème peut appartenir à plusieurs configurations c'est-à-dire trouver place légitime à plusieurs niveaux du tableau.

2.1. En relation privative.

2.1.1. Le prédicat "causé" est un Adjectif. Le préfixe causatif *man(a)-* saisit un certain nombre d'Adjectifs radicaux c'est-à-dire réduits, à l'état libre, à leur seul lexème, ainsi:

foana "vide, vain" > *mana-foana* "vider, épuiser, annuler"

fotsy "blanc" > *mamotsy* "blanchir"

ratsy "mauvais" > *mana-ratsy* "rendre mauvais, considérer/traiter comme mauvais"

tsara "bon" > *mana-tsara* "rendre bon, considérer/traiter comme bon".

Une expression en forme de proverbe suffira à illustrer, par la séquence *sarotra* > *mana-sarotra,* l'ensemble des Adjectifs:

II.5. Tsy	**sarotra**	**ny**	**fiainana,**	**fa**	**ny**	**olombelona**
ne..pas	difficile	le	vie	mais	le	homme

22

no	mana-sarotra	azy
(connecteur)	faire-difficile	elle

= "La vie n'est pas difficile, mais ce sont les hommes qui la rendent difficile" (ANDRIAMALALA: 61).

2.1.2. Le prédicat "causé" est un Nom, par exemple *andriana* "seigneur" > *man-andriana* = litt. "faire (quelqu'un) être seigneur" c'est-à-dire le promouvoir ou le reconnaître comme seigneur. Ainsi dans cette formule rituelle citée par le *Tantara ny Andriana*:

II.6. **Misy** **andrian-dahy** **anankiray** **mitarika**
il y a noble-homme un conduire

ny **olona** **hisaotra** **ny** **maty** **ka** **manao**
le gens remercier le mort et dit
futur

hoe **"Aoka** **isika** **han-andriana"**
(introducteur que…! nous faire-seigneur
de discours) inclusif

= "Il y a un homme noble qui conduit les gens remercier les morts et il dit *Que nous fassions un hommage princier !*" (CALLET: 250, note 1).

<u>Commentaire.</u> Il s'agit du rite destiné à honorer les rois défunts à Majunga. Littéralement, la formule signifie "Que nous fassions (les défunts) être des seigneurs !". Les auteurs de la traduction reproduite ci-dessus (G. Chapus et E. Ratsimba) la précisent heureusement par le commentaire : *Le verbe handriana, faire, rendre un hommage princier, est formé du mot andriana, prince, souverain, seigneur. Le pendant français serait* "seigneuriser" *quelqu'un.*

Ou, pour autre exemple, *sakaiza* "ami" > *mana-sakaiza* "faire (quelqu'un) être un ami" :

II.7. Aza **mana-sakaiza** **vahiny**
ne..pas faire-ami étranger
(interdiction)

= litt. "Ne faites pas des étrangers être des amis" c.à.d. "Ne prenez pas pour amis des étrangers" (HOULDER: 204).

2.2. En relation équipollente.

23

2.2.1. Le prédicat "causé" est un Adjectif. Un certain nombre d'Adjectifs déjà par eux-mêmes préfixés entrent en corrélation avec le causatif *man(a)-* construit sur le même radical. Ce sont:
- Soit des préfixés par *ma-*, comme

      ma-dio "propre" vs *mana-dio* "rendre (quelqu'un/quelque chose) propre"

      ma-tavy "gras" vs *mana-tavy* "faire engraisser (le bétail…)"
- Soit des préfixés par *mi-* formant de ce fait des Verbes d'état dé-adjectivaux comme

      mi-faly "être content, prendre plaisir (à quelque chose)" vs *mamalifaly* "rendre (quelqu'un) content"

      mi-vonona "être prêt, préparé" vs *mamonona* "faire (quelqu'un/quelque chose) être prêt"

Ma- et *mi-*, comme suffixes de dérivation à partir de radicaux adjectivaux, remontent l'un et l'autre à une origine malayo-polynésienne (sur *ma-* voir REID et LIAO 2004: 66; sur *mi-*, BEAUJARD 1998: s.v. *Mi-*). Entre *ma-/mi-* et *mana-* la corrélation s'avère fréquente mais non tout à fait générale. Quelques verbes d'état préfèrent à *mana-* un correspondant causatif affixé par *-amp-* ou *maha-* (ANDRIANIERENANA 1996 a: § 4.3.2); des lacunes lexicales privent certains de tout corrélat.

Entre *faly* et *mi-faly*, existe-t-il une différence de valeur ? A *faly*, le préfixe verbal *mi-* ajoute l'aptitude à exprimer le temps: passé *ni-faly*, futur *hi-faly* –comme fait d'ailleurs aussi le préfixe *ma-* au radical *dio*: *na-dio*, *ha-dio*. Mais la forme verbale *mi-faly* comporte surtout l'avantage sémantique de rapporter directement à son sujet l'état de "être content", c'est-à-dire d'attribuer cet état au "siège du procès", de façon plus explicite que ne fait le simple Adjectif *faly*: une distinction que S. Rajaona formule en termes d'aspect soit illatif, soit inessif (1972: 254). Gardons-nous pourtant de généraliser –tant il est vrai qu'entre Adjectif et Verbe en *mi-* la relation sémantique doit souvent se régler au cas par cas: ainsi *mi-fetsy* déborde-t-il le sens attendu "être doué de ruse" pour désigner plus spécifiquement l'acte de "voler (quelque chose) par ruse". A partir d'ici, le soin d'approfondir la description reviendrait donc plutôt à une sémantique lexicale.

2.2.2. Le prédicat "causé" est un Verbe. Il arrive que *man(a)-* préfixe le même radical -un radical proprement verbal cette fois- que fait de son côté *mi-*. Considérer ensemble les deux formations montrera bien, par contraste, comment *mana* agit en opérateur de cause sur un radical verbal. Nombreux sont en effet les radicaux qui admettent simultanément l'un et l'autre préfixe. L'effectif des Verbes concernés serait facile à établir à partir des listes *man-* et *mam-* élaborées par Abinal-Malzac. Cet inventaire se présenterait comme une série de paires corrélées:

      mi-ala "partir" vs *man-ala* "faire partir (quelqu'un), faire disparaître (quelque chose)"

mi-ely "se disperser" vs *man-ely* "faire se disperser (des gens)"
mi-janona "s'arrêter" vs *mana-janona* "faire (quelqu'un) s'arrêter"
mi-kambana "se réunir" vs *mana-kambana* "faire se réunir (des gens)"
etc…

Mais *corrélées*, qu'est-ce à dire ? Le rapport de corrélation, qui nous semble en effet articuler chaque préfixé *man(a)-* sur son partenaire *mi-*, doit être ici précisé. Qu'il soit dès l'abord bien entendu que les préfixés par *mi-* et *man(a)-* construits simultanément sur un même radical -prenons pour exemple *mi-latsaka* "glisser, tomber" et *man-datsaka* "faire glisser"- sont deux Verbes décidément distincts et exempts de tout amalgame. Ch.RANDRIAMASIMANANA envisage un instant l'hypothèse selon laquelle *mandatsaka* représenterait une forme obtenue par réduction à partir de deux suffixes cumulés: **man-i-latsaka*; et la repousse aussitôt, par l'argument que l'intransitif *milatsaka* ne saurait se trouver inséré dans le transitif qui lui correspond lexicalement (1986: 119). C.L.ANDRIANIERENANA mentionne parmi d'autres, sans la réfuter explicitement ni la retenir, l'explication de *mandatsaka* par un effacement à partir de **man-mi-latsaka* (1996 a: § 1.4.3). Or en fait, l'idée d'un tel cumul suffixal achoppe de façon décisive sur une double raison morphologique et sémantique. En morphologie, la langue malgache exclut la co-présence de *mi-* et *man(a)-* dans une forme verbale unique -laquelle perdrait de ce fait sa lisibilité et cohérence en courant le risque de se trouver tiraillée entre deux orientations intransitive et transitive. En sémantique, suivant l'usage constant de la langue l'opérateur de cause quel qu'il soit: *man(a)-, -amp-* ou *maha-*, porte sur le morphème désignant le procès "causé" et non point sur le Verbe "non causé" tel qu'équipé de son préfixe *mi-*, c'est-à-dire, dans notre exemple, sur *latsaka* et non sur *mi-latsaka*. De toutes façons, aucune preuve empirique ne vient étayer l'existence d'un tel morphème *-mi-* ou *-i-* inséré au milieu de *man-datsaka* et de là, disparu sans laisser de trace. En fin de compte, mieux vaut donc se représenter la relation de *mandatsaka* à *milatsaka* comme une simple corrélation telle que ces deux Verbes, construits chacun de son côté par deux préfixations différentes appliquées au même radical, ne s'en trouvent pas moins liés par une relation constante. Cette relation est celle qui

- au niveau sémantique associe "être dans telle situation ou position" à "faire (quelqu'un) être dans telle situation, amener (quelqu'un) à se trouver…"
- au niveau syntaxique, fait que le même radical *latsaka* qui d'un côté apparaît préfixé par *mi-* se retrouve de l'autre côté en position de préd.2 "causé" .

De *mi-* à *man(a)-*, il est vrai, la correspondance n'est pas tout à fait régulière. Certains Verbes en *mi-* véhiculant une valeur de situation ne trouvent en face d'eux aucun causatif *man(a)-*; ou réciproquement. D'autres fois, entre les deux membres d'une paire constituée le sens diverge au point que le procès *(man(a)- + V)* ne peut être considéré comme l'activité causatrice correspondant à la situation (*mi-* + V): ainsi la position de *mi-haja* "être une personne honorable" ne résulte-t-il pas d'un acte visant à "honorer" (*manaja*) cette personne (exemple détaillé par ANDRIANIERENANA 1996 a: § 1.4.1). Aucune langue n'est de toutes façons un système parfait; et en malgache comme ailleurs, le niveau lexical-sémantique est de tous le plus exposé aux accrocs individuels. En dernière analyse, ces irrégularités n'empêchent pourtant pas la corrélation *mi-* vs *man(a)-* de traverser l'ensemble du lexique verbal, et de transcender par exemple la distinction entre procès désignant

- Soit une situation, comme *mi-janona* "s'arrêter" vs *mana-janona* "faire arrêter (quelqu'un)"
- Soit un processus, comme *mi-rehitra* "s'allumer, briller" vs *mandrehitra* "faire s'allumer..."
- Soit un événement, comme *mi-poaka* "éclater" vs *mana-poaka* "faire éclater...".

<u>Remarque.</u> Il arrive que le même préfixe *mi-* forme deux Verbes distincts, l'un de situation et l'autre réfléchi, tel *mi-dio* "être lavé" et "se laver" ou *mi-akanjo* "être habillé" ou "s'habiller". Seul le premier forme paire avec *man(a)-*, comme fait *mi-ala* avec *man-ala*. L'autre, qui donne lieu à des paraphrases différentes, ne correspond pas pareillement au causatif (voir les données rassemblées par ANDRIANIERENANA 1996 a : § 6.3.4).

2.2.3. Le prédicat "causé" est un Nom. Le Nom appelé à occuper la position de préd.2 se trouve impliqué, en tant qu'il figure dans la Phrase "non causée" correspondante, dans deux constructions distinctes –que l'on nommera, pour faire court, construction "être" et construction "avoir".

a) En construction "être": mi-andevo vs man-andevo. Parmi les Noms, certaines sous-classes sémantiques se prêtent à former à la fois deux Verbes dénominatifs, spécifiés respectivement par les préfixes *mi-* et *man(a)-*. Il s'agit pour l'essentiel des Noms désignant la situation ou le statut (professionnel, social...) d'une personne. Considéré comme un état acquis, le Nom de statut produit un Verbe de situation en *mi-*; conçu comme une sorte de titre conféré à son bénéficiaire (ou détrimentaire...) par un acte accompli à cette fin, il produit un Verbe causatif en *man(a)-*. Un exemple suffira à illustrer la corrélation qui s'établit ainsi entre *mi-* et *man(a)-*: *mi-andevo* "être esclave, se considérer comme esclave, se conduire en esclave" vs *man-andevo* "rendre (quelqu'un) esclave, le traiter en esclave". Or *andevo* entre ici dans une construction "être" parce que la Phrase simple "non causée" sous-jacente à *manandevo* n'est autre que l'équative *Andevo izy* ="Il est (un) esclave".

b) En construction "avoir": mi-satroka vs mana-satroka. Les Noms d' "objets possédables" donnent la même corrélation:

mi-satroka = litt. "être chapeauté" c.à.d. "avoir un chapeau"
vs *mana-satroka* = "faire que (quelqu'un) ait un chapeau, lui mettre…"
mi-kiraro "être chaussé, avoir des chaussures"
vs *mana-kiraro* = "faire que (quelqu'un) ait des chaussures, lui mettre…"
mi-tafo = litt. "être toituré", "avoir un toit"
vs *manafo* = "faire que (une maison) ait un toit, lui mettre…"
mi-fefy = "être clôturé", "avoir une clôture"
vs *mamefy* = "faire que (une cour) ait une clôture, lui poser…"

Mais il s'agit cette fois d'une construction "avoir" puisque la Phrase simple "non causée" correspondant à *mana-satroka* trouve sa formulation naturelle dans le Verbe *manana: Manana satroka izy* = "Il a/possède un chapeau"; et se prête aussi à la paraphrase par *misy* "comporter, il y a": *Nifefy/nisy fefy ny tokotaniny tamin'izay* = "A ce moment-là sa cour était clôturée, avait une clôture" (exemple et traduction de ANDRIANIERENANA 1996 a: § 6.2.2). Regardons cependant de plus près le sens référentiel de l' "objet possédé". Car selon qu'il s'agit d'une possession intrinsèque ou extrinsèque, la construction pourra différer. On rangera parmi les possessions intrinsèques tout objet du monde qui fait partie de l'équipement habituel d'une personne, c'est-à-dire tout objet que cette personne porte sur elle ou utilise couramment, d'une façon jugée normale par le regard d'autrui: comme sont les pièces d'habillement, les outils; ou qui est reconnu comme partie composante de quelque lieu ou chose aménagée par l'homme: par exemple un toit pour la maison ou une barrière pour la cour. Or le Nom "possession intrinsèque" se prête à la fonction de préd.2 dans la Phrase causative. Ainsi se construit, par contraste avec la Phrase "non causée"

Misatroka i Soa
= "Soa a un chapeau"

la causative:

Mana-	**satroka**	**ny**	**zazavavy**	**i**	**Soa**
		le	petite fille	article personnel	N propre

= litt. "Soa fait la petite fille avoir un chapeau" c.à.d. "met un chapeau à la petite fille".

Mais la possession extrinsèque, qui est tout autre chose, entraîne des conséquences bien différentes. Soit par exemple le Nom *ny lefona* "la sagaie". Dans la société rurale traditionnelle chaque villageois possédait sa sagaie, reconnue comme sienne par ses compagnons -au point que, nous raconte-t-on, s'il trouvait sur les chemins quelque chose qu'il désirait s'approprier (bois, fruit tombé…) il lui suffisait de laisser sa sagaie plantée tout auprès jusqu'à ce qu'il eût le loisir de revenir la chercher: sans inquiétude car chaque villageois identifiant sans peine le propriétaire considérait celle-ci, pour ainsi dire, comme un substitut de son possesseur. Dans une telle société chaque jeune garçon parvenant à l'adolescence se voyait à coup sûr remettre la sagaie qui devait toute sa vie lui appartenir en propre. Il pouvait dès lors pratiquer un rite comme celui du serment "en agitant sa lance dans le flanc d'un veau" (*milefona omby*, cité par ABINAL-MALZAC: s.v. *Lefona*). Mais il existe d'autres situations où cette arme traditionnelle n'est pas ainsi la possession <u>intrinsèque</u> de la personne évoquée par le récit; où en conséquence l'expression *mandefona* ne signifie plus "faire (quelqu'un) avoir une sagaie, lui remettre une sagaie". Si par exemple les soldats, au fil d'un récit, "sagaient le captif", ce dernier se trouve tout simplement *lefonina* "sagayé", c'est-à-dire non point "gratifié d'une sagaie" mais bien plutôt *voa-lefona* "atteint par les sagaies". En pareil cas le Nom *ny babo* "le captif", faute d'entretenir avec "la sagaie" une relation de possession intrinsèque, ne peut occuper la position de suj.2. dans une construction causative suivant le schéma syntaxique:

Man-defona	**ny**	**babo**	**ny**	**miaramila**
préd.1-préd.2		suj.2		suj.1

= litt. *"Les soldats font le captif avoir une sagaie".

Et *mandefona* n'est ici en fait que le Verbe transitif d'une Phrase simple:

Mandefona	**ny**	**babo**	**ny**	**miaramila**
Verbe		compl. d'objet		sujet

On voit par là comment le comportement syntaxique du préfixe *man-* est sensible aux contenus sémantiques des constituants inclus dans sa construction.

Associée au préfixe *man(a)-*, la catégorie morpho-syntaxique du Nom participe ainsi à des constructions causatives dont la Phrase simple "non causée" sous-jacente relève d'un des schémas "être" ou "avoir". Le Nom y occupe exactement la même position syntaxique de préd.2 que font les autres catégories -Adjectifs ou Verbes- mentionnées ci-avant. De l'Adjectif et du Verbe, le Nom se distingue toutefois par les classes sémantiques (possession inaliénable vs aliénable) qui se partagent ses emplois en contextes et dont la diversité se répercute en dissymétries syntaxiques.

2.2.4. Pour récapituler: l'exemple de manasina. Un seul et même radical peut évidemment, en situations appropriées, s'impliquer dans plusieurs des constructions décrites au long de ce § 2. Le cas de *hasina* en offre une bonne confirmation. Le lexème *hasina* désigne ce qui tient à peu près sous le terme de "sacralité". Le *hasina* en tant que notion centrale dans la représentation du monde propre aux anciens Malgaches est pertinemment décrit par A.DELIVRE (1974: 140 sq). En sémantique référentielle le Nom *hasina* couvre trois domaines, connectés entre eux, de la notion de "sacré": une qualité, des objets, un acte. Et à chacun de ces domaines signifiés correspond, en syntaxe, une construction particulière.

a) Une qualité. Le *hasina* est la "sacralité" présente en certaines personnes ou certains êtres non-humains, certains objets naturels ou fabriqués -tous considérés comme excédant le monde visible du fait de leur relation avec le surnaturel. Ainsi la prière instituée par le roi Andrianampoinimerina (mort en 1810) invoque-t-elle la "vertu sainte" des collines royales, des rois défunts et des *sampy* protecteurs:

II.8. Dia	**ny**	**hasiny**	**ny**	**tendrombohitra**	**12...**	**dia**	**ny**
et	le	sacralité	le	colline		et	le
		= *hasin'*	*ny*				

hasiny	**ny**	**12**	**nanjaka;**	**dia**	**ny**	**hasiny**
sacralité	le		régner	et	le	sacralité
= *hasin'*	*ny*		passé			= *hasin'ny*

ny	**sampi-**	**masina**
le	fétiche	saint

= "(Quand on prie, c'est d'abord : Dieu créateur et la terre-avec-le-ciel et matin-et-soir, et le soleil et la lune;) puis les vertus saintes des douze montagnes... puis les vertus saintes des 12-qui-ont-régné; puis les vertus saintes des fétiches saints" (CALLET: 254).

Note. Les "douze montagnes" sont autant de collines s'élevant du sol de l'Imerina, qui abritaient des tombeaux dynastiques et servaient de résidences aux épouses royales. Les "douze qui ont régné" sont les souverains de l'Imerina ancêtres d'Andrianampoinimerina; les "fétiches saints" sont des sortes d'étendards faits de racines ou troncs d'arbres diversement ornés de pièces d'étoffe aux couleurs symboliques, etc... Au nombre de douze, ils protégeaient chacun le roi et le peuple contre telle sorte de calamité et leur assuraient diverses bénédictions. Ils sont longuement décrits dans CALLET: 173 sq.

Cependant le *hasina* déposé dans les êtres ne semble pas considéré comme une qualité intrinsèque, ni donc définitivement acquise. Le roi lui-même, au moment d'entrer dans le bain rituel qui inaugure l'année nouvelle, ne manque pas de s'écrier: *Dia ho masina anie aho !* = "Puissé-je être saint !". Puis réitère, à l'instant de recevoir l'aspersion purificatrice en compagnie des douze épouses royales et des princes du sang: *Afanana ny rano ho masina anie aho !* = "Aspergé par l'eau puissé-je (dans l'avenir) être sacré !" c'est-à-dire "Que par cette purification mon caractère sacré soit affermi !" (CALLET: 158). La qualité de *masina*, telle qu'elle s'est révélée dans un être ou telle qu'elle lui a été conférée, doit être par la suite constamment entretenue par des rites appropriés. Ainsi procède-t-on par exemple à une cérémonie en deux temps où le roi "sanctifie ses ancêtres" (*manasina ny raza'ny*) avant que la sacralité passe des dits ancêtres sur le roi "pour (le) sanctifier" à son tour:

II.9. Dia **apetraky** **ny** **andriana** **eo** **amy** **ny** **trano-masina**
et   déposé par   le   roi   là   dans le   maison sainte
                                                  =*amin'ny*

izay **fomba** **rehetra** **fanao-** **ny** **amy** **ny**
ce que   coutume   tout   fait(habituellement)   par lui   lors de   le
                                                  = *amin'ny*

fandroana: **dia** **ny** **volatsivaky,** **dia** **voahangy**
bain   c.à.d.   le   piastre   et   perle

mivady... **no** **atao-ny;** **tahaky** **ny** **manasina**
apparié   (connecteur)   mis-par-lui   comme   le   sanctifier

ny **raza' ny...** **Ary** **fangatahana** **ny** **fitahia ny**
le   ancêtre-de-lui   et   supplication   le   protection de
                                                  = *fitahian'ny*

ny razan' **andriana** **sady** **fangalana** **ny** **hasin-drazana**
le ancêtre de   roi   et   prise, emprunt   le   sacralité-ancêtre

hanasina **ny** **Andriamanjaka** **izany**
sanctifier   le   roi régnant   ceci
futur

= "Le souverain dépose dans la maison sainte tout ce qu'on a l'habitude d'y apporter à l'occasion du bain: des piastres non cassées, des couples de perles; c'est comme s'il sanctifiait par là ses ancêtres... On demande de la sorte la protection des ancêtres royaux en même temps qu'on leur emprunte leur sainteté propre pour sanctifier le Roi actuel" (CALLET: 160).

Or cet énoncé, aussi riche en enseignements linguistiques qu'en informations culturelles, pose exactement le rapport entre *manasina* et *masina*: la relation du Verbe causatif **man-(h)asina > manasina* à l'Adjectif d'état **ma-(h)asina > *ma-asina > masina* reproduit celle de *mana-dio* à *ma-dio* ou de *mana-tavy* à *ma-tavy* (voir en 2.2.1. ci-avant).

<u>Remarque.</u> A côté de *man-asina*, une variante *mana-masina* conserve à l'Adjectif *masina* sa forme complète, préfixe *ma-* compris. Apparemment présent par de très rares occurrences en malgache *classique ancien*, ce doublet connaît un brusque succès avec l'expansion du christianisme à Madagascar dans le courant du XIXe siècle. Evitant le vocable *manasina* trop marqué par les croyances traditionnelles, les locuteurs éduqués dans la religion nouvelle préférèrent visiblement confier à *mana-masina* le soin d'exprimer les notions de "sanctifier, consacrer (un ministre du culte, un autel...)" (*Firaketana* fascicule 167, 1953: 21).

b) <u>Des objets.</u> Le même lexème *hasina* désigne encore les "cadeaux offerts au souverain" pour reconnaître sa souveraineté (ABINAL-MALZAC: s.v. *Hasina*), comme sont les perles d'argent ou de corail et surtout les piastres entières (par opposition aux piastres coupées en fragments qui servent aux échanges commerciaux) évoquées en II.9. Lors donc qu'un texte narratif nous représente la population rassemblée autour du roi pour lui offrir le *hasina* (une scène décrite par II.10), que signifie en pareil contexte le Verbe *manasina* ?

II.10.	**Ary**	**rahariva...**		**vory**	**isan-karazany**		**ny**
	et	le soir		réuni	chaque sorte		le
					= *isan-karazan'ny*		

andriana	**sy**	**ny**	**vahoaka...**	**Ary**		**dia**	**manasina**
noble	et	le	peuple	et		alors	offrir le *hasina*

andriana	**isam-pirenena**
souverain	chaque classe

= "Le soir... toutes les classes de la noblesse et de la population sont réunies là... Chaque catégorie de la population offre le *hasina* (cadeau en argent) au souverain" (CALLET: 158).

Due à deux traducteurs eux-mêmes experts reconnus de la phraséologie en usage dans les milieux de cour sous la monarchie merina, l'interprétation *manasina* = "offrir le *hasina*" n'est pas sans conséquence. Par-delà la sémantique elle concerne en effet la syntaxe, en postulant une construction qui n'est autre que celle de *mandefona* (voir en 2.2.3.b. ci-avant). En structure de Phrase, le peuple "remet un cadeau-sacralisant au roi" (*manasina ny andriana*) exactement comme les soldats "lancent une sagaie sur le captif" (*mandefona ny babo*). Et de fait, comme "le captif est sagayé" (*Lefonina ny babo*), par une passivation tout aussi révélatrice le Nom du "roi" se laisse prédiquer par *hasinina* "à qui on fait le *hasina*" ou *voahasina* "à qui on a offert le *hasina*" (traductions de ABINAL-MALZAC: s.v. *Hasina*). Tout compte fait, et pour les mêmes raisons que *mandefona*, le Verbe *manasina* en son emploi II.10. n'est pas un causatif mais bien plutôt un transitif ayant pour c.d. le Nom *andriana*.

Pour d'évidentes raisons qui tiennent au contenu de sens et au contexte extralinguistique, les Phrases de type II.10. restent rarissimes. Le Verbe *manasina* exige en effet, pour s'inscrire dans un tel schéma, que *hasina* désigne des objets (rituellement offerts au souverain) et le c.d., une personne socialement reconnue comme destinataire de ces objets. Il n'empêche: les quelques occurrences disponibles n'en suffiraient pas moins à montrer la dissymétrie syntaxique qui oppose les deux emplois du même Verbe *manasina* selon que le constituant de base *hasina* désigne soit une qualité, soit un objet. En bref:

Le *hasina* de "qualité" produit un Verbe causatif, comme en II.9:

Man-	(h)asina	ny	raza'ny	ny	andriana
préd.1	préd.2		suj.2		suj.1
"causateur"	"causé"		"causé"		"causateur"

= litt. "Le roi fait ses ancêtres avoir le *hasina*"

Le *hasina* d' "objets…" produit un Verbe transitif, comme en II.10:

Man-hasina	ny	andriana	ny	vahoaka
V transitif		c.d.		suj.

= "Le peuple gratifie-d'un-cadeau le roi".

c) <u>Un acte.</u> L'énoncé II.11. offre l'intéressante paraphrase de *manasina* "sanctifier" par *manao hasina* = litt. "accomplir la sanctification":

II.11. Ka	**hanasin'**	**anao**	**izahay.**	**K'**	**ity**	**hasina**
et	sanctifier	toi	nous	et	ce	acte de…
	futur	c.d.	suj.	= *ka*		

atao	**nay**	**ity**	**ampia'**	**nay**	**saotra**
fait	par nous	ce	augmenté	par nous	grâces

ampia'	**nay**	**vavaka**
augmenté	par nous	prière

= "Et donc nous allons vous faire l'hommage saint. Et ce *hasina*-là que nous faisons, nous l'augmentons d'actions de grâces, nous l'augmentons de prières" (CALLET: 251).

Reformulation sûrement adéquate de *manasina, manao hasina* en diffère toutefois sur deux points. D'une part le signifié causal "accomplir, effectuer" se déplace du préfixe *man(a)-* sur le Verbe-support *manao* -non sans y trouver un signifiant plus explicite; et de ce fait, *hasina* s'interprète nécessairement comme un Nom de procès = "l'acte de sanctifier". D'autre part le Nom de la personne "sanctifiée" ne complémente plus le Verbe préfixé *manasina* mais occupe bien plutôt auprès de l'expression verbale entière (*manao hasina)* la position de "bénéficiaire".

Trois valeurs sémantiques, avec autant de constructions: le cas de *hasina* montre à quel point le préfixe et son terme préfixé dépendent l'un de l'autre, et tous deux ensemble, du contexte. Il rappelle du même coup le linguiste à son double devoir: celui de classer en prenant de la hauteur par rapport au détail des emplois, et celui d'observer comment valeurs et constructions se créent en énoncés réels.

Comme bien d'autres Adjectifs préfixés par *man(a)-, masina* admet simultanément d'autres opérateurs de "cause": *manka-masina, maha-masina.* A ce titre, il profitera des analyses consacrées à *maha-* au chapitre IV.

3. Evaluation. Suivant l'engagement souscrit dans l'*Ouverture* de l'ouvrage et pour permettre une comparaison ultérieure entre les diverses formations causatives, il faut pour finir soumettre *man(a)-* aux tests prévus à cet effet.

a1. <u>Le morphème fonctionnel *m-* appartient-il au préfixe *man(a)-* ou au prédicat "causé" ?</u> Dans l'hyper-Phrase causative, les deux prédicats qui correspondent respectivement à P1 et P2 se trouvent réunis dans la forme complexe (*man(a)-* + préd.2 "causé"); et cette forme ne comporte qu'une occurrence du morphème *m-* par quoi s'exprime typiquement la fonction prédicative. Or ce *m-* est-il partie constituante du préfixe *man(a)-* ? ou du préd.2 ? auquel cas *-an(a)-* se trouverait donc inséré à titre d'infixe à l'intérieur du préd.2: *m-an-ala,* suivant le modèle de *-amp-* inclus dans *m-iditra > m-amp-iditra* "faire entrer" (voir au chapitre III). La réponse ne fait pas de doute: *m-* appartient à *man(a)-* et à lui seul. Car d'une part *man(a)-* apparaît bel et bien devant des préd.2 incapables d'admettre pour eux-mêmes le moindre morphème *m-*, tels que *(mana)-foana.* D'autre part, là où *man(a)-* se trouve devant un radical verbal capable de former en l'état "non causé" un Verbe en *mi-*, tel que *mi-ala/mi-ely*, même en pareil cas l'opérateur causatif s'applique au seul radical du préd.2 qu'il saisit, sans y inclure le préfixe *mi-* (comme il suit de 2.2.2. ci-avant). L'analyse obvie est donc aussi la plus recommandable : *man(a)- + foana/ala...*

a2. Le temps s'exprime-t-il par le préfixe *man(a)-* ou par le prédicat "causé"? La réponse à cette question découle du résultat précédent. Seul capable de produire l'alternance morphologique *m-/n-/h(o)-* correspondant aux signifiés temporels "présent/passé/futur", le préfixe *man(a)-* est donc seul en charge de la temporalité.

a3. La passivation implique-t-elle le préfixe *man(a)-* ou le prédicat "causé" ? La question ainsi posée requiert elle-même une question préjudicielle: la Phrase causative à préfixe *man(a)-* admet-elle un passif -et en quel sens du terme ? Sans doute peut-on considérer comme sémantiquement passifs:
- Soit le Nom *sakaiza* dans la Phrase simple:

Sakaiza	**ny**	**vahiny**
ami	le	étranger

= "L'étranger est un ami"

par rapport à *mana-sakaiza* (repris de II.7):

Mana-sakaiza	**ny**	**vahiny**	**ianao**
préd.1-préd.2		suj.2	suj.1

= litt. "Tu fais l'étranger être un ami" c.à.d. "Tu fais de l'étranger un ami",

pour la raison factuelle que "rendre ami" l'étranger conduit en effet à ce résultat que ce dernier "est amené à l'état d' ami, est ami". Cf. *andevo* vs *man-andevo.*
- Soit l'Adjectif *foana* par rapport à *mana-foana* pour la raison que "rendre vain" un projet... conduit à ce résultat que le projet "est amené à l'état de chose vaine, est vain". Cf. *ma-dio* "propre" vs *mana-dio.*
- Soit le Verbe *mi-ala* par rapport à *man-ala* pour la raison que "faire partir (quelqu'un)" conduit à ce résultat que ce dernier "part, s'en va". Cf. *mi-satroka* vs *mana-satroka.*

Mais les Phrases *Sakaiza izy, Foana izany, Miala izy*, s'il est vrai qu'elles correspondent chacune, en valeur sémantique, à sa causative *mana-...*, n'en sont pas pour autant les passifs grammaticaux. Il nous a paru justifié de voir en *mi-ala* vs *man-ala* deux formes -et deux constructions- indépendantes liées par une relation simplement corrélative (voir en 2.2.2. ci-avant). De façon plus générale, à ces Phrases simples il manque, pour être des passives

34

morpho-syntaxiques, un morphème qui soit le signifiant du fonctionnement passif, autour duquel on voie se réorganiser les actants de la Phrase active-causative associée. Ces morphèmes existent, ce sont par exemple:

Sakaiza-**ina** "rendu ami" en face de *mana-sakaiza; andevo-**ina*** vs *man-andevo*

*Foana-**na*** "rendu vain" en face de *mana-foana; dio-v-**ina*** vs *mana-dio*

*Ala-**na*** "enlevé" en face de *man-ala; **voa**-satroka* vs *mana-satroka.*

En définitive chaque construction causative trouve en face d'elle -compte tenu d'éventuelles lacunes dans le lexique- deux expressions dont l'une (en colonne 1 ci-dessous) lui correspond naturellement pour le sens; l'autre (en colonne 2) étant sa véritable transformée passive:

P causative-active	P équi-valente	P passivée
Mana-sakaiza	*sakaiza*	*sakaizaina*
Man-andevo	*andevo*	*andevoina*
Mana-foana	*foana*	*foanana*
Mana-dio	*dio*	*diovina*
Man-ala	*mi-ala*	*Alana*
Mana-satroka	*mi-satroka*	*voasatroka*

Cela dit, et pour bien rester dans le droit fil de notre recherche, il reste à constater ce fait essentiel que la passivation, soit simple correspondance sémantique soit véritable réversion grammaticale, s'opère sans requérir la présence du préfixe *man(a)-*: une situation qui ne surprend pas dans une famille de langues où les voix active et passive se forment chacune indépendamment par une dérivation directe à partir du radical verbal commun (KEENAN 1996: 95). Et s'il se trouve quelques Verbes pour généraliser au passif le préfixe *man(a)-* (ou plutôt *ana-* sans le *m-* initial, morphème typique d'actif), ce sont de simples transitifs tels que *mangataka* (radical *hataka*) "demander (quelque chose) avec supplication" > *angatahina*; ou *mamboly* (radical *voly*) "cultiver (quelque chose)" > *ambolena*; mais non point, sauf erreur, des causatifs.

b) La négation peut-elle affecter la P2 "causée" indépendamment de la P1 "causatrice" ? La négation embrasse globalement l'ensemble (P1 "causatrice" + P2 "causée"). En effet, seul ce qui est asserté peut être explicitement nié, or dans le cas d'une Phrase telle que II.11. l'objet de l'assertion est bien **Han**(asina anao) **izahay** = "Nous allons faire que tu sois saint" et non point – sinon par voie de conséquence- *Ho masina ianao* = "Tu seras saint". Tout au plus le destinataire du message peut-il risquer en pareil cas une interprétation qui explicite le statut de conséquence assigné à la P2, par exemple en induisant de *Tsy manandevo ny vehivavy ny andriana* = litt. "Le roi ne fait pas les femmes être esclaves" la vérité de *Tsy andevo ny vehivavy* = "Les femmes ne sont (donc) pas esclaves".

La dépendance de la Phrase "causée" par rapport à la "causatrice" se manifeste par l'impossibilité de maintenir la vérité, tant d'une Phrase "causée" négative en dépendance d'une "causatrice" positive:

Hanasina anao izahay, na dia izany aza tsy ho masina ianao
= "Nous allons faire que tu sois saint, en dépit de cela tu ne seras pas saint",

que d'une Phrase "causée" positive en dépendance d'une "causatrice" négative:

Tsy hanasina anao izahay, na dia izany aza ho masina ianao
= "Nous n'allons pas faire que tu sois saint mais tu seras saint quand même"

(cette dernière proposition restant toutefois vraie dans le cas où quelqu'un d'autre que "nous" accomplirait le rite de sanctification).

Remarque. De ces deux dispositifs le premier (*Hanasina anao izahay, na dia izany aza...*) semble bien valider le jugement de J.HAIMAN, selon lequel un causatif morphologique (c'est-à-dire affixé) implique la vérité -donc exclut la non-vérité- de sa proposition "causée" (1985: 141). Contre cette assertion J.J.Song fait valoir une Phrase empruntée à Ch.Randriamasimanana:

Nandoka	**ny**	**varavarana i**	**Paoly fa**	**tsy**	**naha-loka**
percer	le	porte	article	ne..pas	pouvoir percer
passé			personnel		

= " Paul perçait la porte mais n'arriva pas à la percer",

où la précision rectificative *fa tsy naha-loka* montre assurément que la vérité de l'action causative *Nandoka ny varavarana i Paoly* n'entraîne pas nécessairement celle de l'effet causé (SONG 1992: 333; RANDRIAMASIMANANA 1986: 80). Certes. Mais le désaccord, en matière de vérité, entre le procès de *nandoko* et le résultat non-obtenu *tsy naha-loka* semble moins lié à la Phrase "causatrice" en tant qu'elle abrite le préfixe *man(a)-*, conçue comme incapable d'imposer son statut de vérité à la "causée", qu'au décalage aspectuel entre l'inaccompli *nandoko* "il travaille à percer" et l'accompli *naha-loka* "il parvient à percer": décalage qui s'effectue par une relation de Phrase à Phrase à l'intérieur d'un texte. Si l'on considère les choses dans le cadre de la seule hyper-Phrase considérée, aucun conflit de vérité ne semble pouvoir opposer la Phrase "causée" à sa "causatrice".

Telles sont les limites vraiment bien étroites entre lesquelles s'exerce, en matière de négation, l'indépendance de la Phrase "causée".

c) <u>Quelle est la relation sémantique du suj.2 "causé" au suj.1 "causateur" ?</u> La construction causative contient par définition un suj.2 "causé" en sus du suj.1 "causateur". Pour des raisons qui tiennent à notre expérience du monde extra-linguistique, le "causé" ne peut être que référentiellement distinct du "causateur": l'expression "Je me fais partir", "Je me fais avoir un chapeau" manque à l'évidence de plausibilité par rapport au simple "Je pars", "J'ai un chapeau". "Causateur" et "causé" ne sont pas pour autant symétriques car ils accèdent inégalement à la qualité sémantique d' "agentivité". L'action causative n'aboutit certes au résultat visé que par la médiation de l' "agent causé": lequel n'est pas toujours aussi inerte que la cour qui se laisse passivement "clôturer" et peut dans une certaine mesure s'associer à l'entreprise -comme l'enfant qui fait de son mieux pour aider (quelqu'un) à lui "mettre des chaussures" (*mana-kiraro* en 2.2.3.b. ci-avant). Mais c'est le "causateur" qui reste dans tous les cas à la fois l'origine et l' "agent" majeur du procès en cours. Et notons-le bien, la relation sémantique de l' "agent causateur" au "causé" s'inscrit exclusivement dans une hiérarchie de causativité, sans rapport aucun avec la hiérarchie extra-linguistique qui dans le contexte historique évoqué place le roi (*ny andriana*) au-dessus du peuple (*ny vahoaka*): quand le peuple s'apprête à "sanctifier" son roi (*hanasina* en II.11) il n'empêche que la hiérarchie sémantique de causativité situe le peuple au-dessus du roi. La relation sémantique du sujet "causé" au sujet "causateur" n'est donc finalement rien d'autre que celle du "moins" au "plus agentif".

Les résultats produits par les tests comportent plusieurs leçons en apparence assez diversifiées, en réalité complémentaires et capables ensemble de caractériser bien nettement le préfixe *man(a)-* en tant qu'il opère en construction causative. Les résultats rangés sous a) relèvent plutôt des contraintes morphologiques telles qu'elles se répartissent entre préfixe et préfixé. Le préfixe exprime en sus le temps car seul son *m-* initial en a la capacité formelle; le préd.2 réalise la passivation morphologique -car seuls s'y prêtent de toutes façons les radicaux d'Adjectifs/Noms/ Verbes qui le constituent. Le test b) montre que dans l'ensemble complémentaire (*man(a)-* + préd.2), c'est *man(a)-* qui commande la portée de la négation sur tout le domaine (P1 + P2): le préfixe manifeste là sa dominance en matière de sémantique logique. Le test c) permet d'apprécier le type de causativité que réalise l'opérateur *man(a)-*. L'effort mis en oeuvre par le suj.1 "causateur" pour atteindre au résultat visé ne s'exerce pas de façon immédiate comme dans la simple Phrase transitive d' "activité" (*Mamboly fary* = "Planter des cannes à sucre" en II.2), mais par la médiation d'un suj.2 "causé". Du "causateur" au "causé" s'observe cependant une décroissance d' "agentivité" -telle qu'on l'attend en effet entre les deux termes initial et final du processus (entre *the head* et *the tail* suivant la formule de LANGACKER II, 1991: 411-413). Quand le sujet "causé" se réalise par un pronom personnel, celui-ci revêt d'ailleurs la forme du cas morphologique objet *ahy/anao/azy...* = "me/te/le...", significativement distincte du cas sujet *aho/ ianao/izy...* = "je/ tu/ il..." réservé au "causateur":

Manasina   **azy**   **izy**
Sanctifie
              le   il
= "Il le sanctifie".

Suivant les dispositions "plus" ou "moins agentives" du sujet "causé", l'action causative se modulera du "moins" au "plus coercitif". Mais elle conservera de toutes façons le caractère <u>directif</u> qui marque spécialement les préfixés par *man(a)-* parmi l'ensemble des causatifs malgaches (RANDRIAMASIMANANA 1988: 219).

Récapitulons en trois points:
1) *Man(a)-* et son prédicat "causé", qui s'acquittent de tâches morphologiques complémentaires (à *man(a)-* l'expression du temps, au préd.2 celle du passif) forment ensemble un complexe verbal dont l'unité résulte d'une **relation très serrée** entre ses deux éléments constituants.
2) Dans cet ensemble **un élément s'avère toutefois dominant**: *man(a)-* seul contient le morphème *m-* qui rattache le complexe verbal (préfixe + préfixé) à la catégorie morphologique du Verbe; *man(a)-* seul règle le jeu de la négation.
3) Le préfixé par *man(a)-* exprime **une pression agissive forte**. Médiate assurément, la tension agentive n'en procède pas moins du sujet "causateur", qui la garde vive jusqu'au terme visé.

III. LA PHRASE CAUSATIVE A OPERATEUR -AMP-

1. L'opérateur *-amp-*: identification.

1.1.-*amp*- comme forme signifiante.

1.1.1. Le morphème *-amp-* n'est pas immédiatement donné. Il résulte d'une analyse effectuée par le linguiste à partir des formes verbales complexes effectivement disponibles, telles que *mampilaza* "faire dire" ou *mampanjaka* "faire gouverner, faire régner". Or l'analyse, il faut le reconnaître, ne va pas de soi. Quelques grands anciens comme G. FERRAND (1909: 268-270) repris sur ce point par O.C. DAHL (1951: 171) décomposent *mampilaza* en deux constituants, dont le second lui-même formé de deux éléments:

    mam- = *man-:* préfixe verbal

    + *pi-laza* = *fi-laza* "fait de dire (quelque chose), manière de dire, façon de raconter (un événement…)"

        de *fi-:* préfixe formatif de Nom verbal

        + *laza*: radical verbal "dire";

et de même *mampanjaka* en:

    mam- = *man-:* préfixe verbal

    + *pan-jaka* "fait de gouverner, manière de gouverner"

        de *pan-* = *fan-:* préfixe formatif de Nom verbal

        + *-zaka*: radical verbal "gouverner".

Et la doctrine trouve aujourd'hui encore ses avocats (PICARD-RAVOLOLONIRINA 2003: 55-57). Une telle analyse soulève pourtant plusieurs objections, dont l'ensemble concerne à la fois la morphologie et la syntaxe. Pour commencer par la base morphologique de l'édifice, à savoir (*man-(fi-laza)*) ou *man-(fan-jaka)*): pareil emboîtement d'un Nom (préfixe nominal compris) sous un préfixe verbal n'est-il pas sans exemple en malgache ? Et à partir de là: quelle construction, porteuse de quel sens, se donne à reconnaître dans un tel emboîtement ? Rapporté à la structure qui définit en syntaxe la Phrase causative, le schéma *man-(fi-laza)* ne parvient en effet à saturer de façon satisfaisante aucune des deux positions constituant la Phrase "causée". Et sur aucun de ces deux points il ne soutient la comparaison avec la solution différente, aujourd'hui communément admise (Rajaona, Rabenilaina, Randriamasimanana, Andrianierenana) qui consiste à isoler dans *mampilaza/mampanjaka* un morphème causatif *-amp-*. Comparons en effet les deux analyses de la Phrase:

Ny	**mpitsara**	**mampilaza**	**azy**
Le	juge	fait parler	lui

= "Le juge le fait parler"

d'abord dans l'analyse *m-amp-i-laza*:

Ny	**mpitsara**	**-amp-**	**milaza**	**azy**
suj.1 "causateur"		préd.1 "causateur"	préd.2 "causé"	suj.2 "causé"

ensuite dans l'analyse *man-(fi-laza)* :

Ny	**mpitsara**	**man-**	**filaza**	**azy**
	sujet	préfixe	Nom verbal	cas objet
		"causateur"(?)	fonction ?	fonction ?

Apportant ainsi une meilleure solution fonctionnelle, le schéma *m-amp-i-laza* trouve en outre confirmation dans la comparaison. De fait les préfixes causatifs tels qu'attestés dans les divers dialectes malgaches reflètent tous le même étymon *η-ampi-* renvoyant au moins au maanyan (BEAUJARD 1998: s.v. *Mamp-*).

Il ne nous a pas semblé superflu de mentionner une opinion que de bonnes raisons rendent aujourd'hui obsolète. Car ce détour nous garde d'oublier que le morphème *-amp-* n'est pas livré tel quel à l'observation mais dégagé par le raisonnement linguistique. C'est parce que le constituant *-amp-* fait exactement fonctionner la structure syntaxique d'une Phrase causative que nous analysons *mampilaza* en *m-amp-i-laza* et *mampanjaka* en *m-amp-an-jaka*.

1.1.2. L'analyse qui attribue à l'opérateur de cause le signifiant *-amp-* reconnaît du même coup son caractère d'in-fixe, flanqué de part et d'autre par ce *m-* et ce *-i-/-an-* qui en toute autre occasion constituent ensemble le préfixe verbal *mi-/man-*: *mi-laza* > *m-amp-i-laza*, *man-jaka* > *m-amp-an-jaka*. Le *m-* initial porte la charge de manifester le statut verbal de la forme causative entière *m-ampilaza/ m-ampanjaka*; il ne peut donc faire défaut (sauf, évidemment, par un effacement conforme aux règles morphologiques, quand il s'agit de former un passif ou un circonstanciel). De là naît la contrainte par laquelle *-amp-* n'opère sur aucun prédicat "causé" qui soit lui-même dépourvu de préfixe *m-*. C'est-à-dire qu'à l'inverse de *man(a)-*, *-amp-* ne tolère pour préd.2 ni Nom ni Adjectif radical: **amp-andriana, *amp-ratsy*. Son domaine combinatoire couvre donc les catégories suivantes:
- Les Verbes à préfixe *m-, ma-, mi-, man-*:
  m-aka > *m-amp-aka* "faire prendre"
  ma-hay > *m-amp-a-hay* "faire savoir, rendre savant"
  mi-laza > *m-amp-i-laza* "faire dire"
  man-jaka > *m-amp-an-jaka* "faire gouverner, faire régner"
- Les Adjectifs préfixés par *ma-*:

ma-fana > *m-amp-a-fana* "rendre chaud"

- Les Adjectifs radicaux qu'un préfixe *maha-* préalablement installé permet de sur-préfixer par *-amp-*, comme dans le cas de *ory* "malheureux" > *mah-ory* "qui rend malheureux" (ABINAL-MALZAC) > *m-amp-ah-ory* "faire souffrir" (attesté dans CALLET: 771).

- Les quelques Adverbes de lieu recatégorisés en Verbes par le moyen d'un préfixe *manka-*:

    Mank-aty/any "aller ici/là" > *m-amp-ank-aty/any* "faire aller ici/là"

<u>Remarque</u>. Entre ces différentes catégories quelques décrochages se produisent, tels que le Verbe causatif à opérateur *-amp-* ne repose pas sur le Verbe/Adjectif qui lui correspond exactement. Ainsi *mampirisika* "stimuler" enrichit de l'infixe causatif un **mirisika* inattesté (seul existe, selon ABINAL-MALZAC, *marisika* "animé, ardent") ; *mampitahotra* "effrayer", qui infixe **mitahotra*, coexiste avec un *mampatahotra* normalement associé à *matahotra* "qui éprouve de l'effroi" (sur ces dissymétries voir RAJAONA 1972: 557).

    Les formes de base en *mi-*, *man-* et *ma-* trouveront leur illustration respective dans *m-amp-i-fona, n-amp-an-jaka, m-amp-i-tahotra* des trois énoncés suivants.

III.1. Ka   **ny**   **andriana**   **hiany**   **m-amp-i-fona**
      et   le   roi   de toutes façons   faire supplier

ny   **ambaniandro**
le   sujet (du roi)

= "Et le roi amenait lui-même la population à présenter des supplications (pour solliciter la grâce d'un coupable)" (CALLET: 770).

III.2. Ary   **raha** **omby**   **vonoin'**   **Andrianampoinimerina,**   **eo**
      et   quand boeuf   tué par   (Nom propre)   là

an- kianja...   **izao**   **nandidia'**   **ny**   **azy:...**   **Ny**   **ilatratra**
sur-place   ceci   ordonné par   lui   à eux   le moitié poitrine

ny   **ankavia,**   **sy**   **ny**   **vory**   **ny:**   **azy**   **12**   **lahy**
le   gauche   et   le   graisse...   de lui   à eux   homme
                                          = du boeuf

n-amp-an-jaka   **azy**
faire régner   lui
                  = le roi

= "Et quand il y avait un boeuf qui était immolé par Andrianampoinimerina, là, sur la place,... voici ce qu'il avait ordonné: la moitié de la poitrine gauche et la graisse du ventre près des pattes de derrière (elle revient) aux 12 hommes qui l'ont fait roi" (CALLET: 253).

III.3. ... Koa	**am-pitahorana**		**ny**	**fivavahana**	**amy**
aussi	avec peur		le	prière	à
					= amin'ny

ny	**Vazimba.**	**Ary**	**ny**	**razana**	**tsy**	**mba**	**m-amp-itahotra**
le		et	le	ancêtre	ne..pas	(confirmatif)	effrayer

ny	**olona**	**fa**	**havana,**	**koa**	**tsy**	**mba**	**am-pitahorana**
le	gens	car	parent	aussi	ne..pas	(confirmatif)	avec peur

= (Les Vazimba, c.à.d. les esprits de la nature et des anciens habitants du lieu, s'ils se sentent offensés, peuvent venir tracasser les humains). "Aussi, avec peur se fait la prière aux Vazimba. -Et les ancêtres ne font point peur aux gens, car ils sont des parents. Aussi n'est-ce point avec peur (qu'on les prie)" (CALLET: 258).

1.2. -*amp*- comme opérateur syntaxique. Ce paragraphe a pour objet, à titre de remarque préjudicielle, de fixer les limites du -*amp*- causatif. Quelques emplois s'observent en effet tels que -*amp*- n'y assume pas, ou n'y assume plus, la fonction d'opérateur causatif. L'une et l'autre situation doivent être brièvement évoquées, pour permettre d'aborder par la suite, sur un terrain bien balisé, l'étude des constructions proprement causatives.

a)-*amp*- n'assume pas la fonction d'opérateur causatif là où il se voit employé comme un simple outil que la langue trouve disponible quand il s'agit d'éviter quelque blocage morphologique. Tel est le cas lorsqu'il n'a d'autre raison d'être que de permettre le fonctionnement d'un morphème incapable d'autonomie. L'infixe -*if*- de "réciprocité" en offre le meilleur exemple, de par sa coexistence forcée avec -*amp*-. Ce jeu à deux infixes comporte plusieurs figures, clairement distinguées par l'acribie de S. RAJAONA (1972: 178-181):
- -*amp*- préposé à -*if*- dans une seule et même forme verbale conserve là sa valeur causative: *m-amp-if-an-dio* "faire que (deux personnes) se nettoient mutuellement". Les deux infixes, co-présents sans dépendance mutuelle, forment de ce fait une *constellation*.
- -*amp*- postposé à -*if*- donne deux résultats différents selon que le Verbe incluant la séquence (-*if-amp*-) se préfixe lui-même

Soit par *man*-. Alors -*amp*-, comme s'il bénéficiait de l'effet factitif produit par *man*-, conserve sa valeur causative: *m-if-amp-an-dio* "se faire nettoyer réciproquement".

Soit par *m-/mi-/ma-*. Alors *-amp-* ne sert à rien d'autre qu'articuler *-if-* (qui exige ici un morphème tampon) sur la forme verbale subséquente, et ne jouant ici que les utilités, y perd toute valeur causative: *m-if-amp-i-dio* "se disculper l'un l'autre". Entre les deux infixes co-présents dont l'un (*-if-*) dépend de l'autre, règne de ce fait une relation *unilatérale*.

D'autres occasions existent dans la langue où *-amp-* ne joue qu'un rôle de service dans le fonctionnement morpho-syntaxique. Il sert par exemple à transitiver un radical verbal -sans quoi ce dernier se trouverait empêché de produire un passif en *-ana/-ina*. Ainsi *miditra* "entrer" n'accéderait pas à ce type de passif si sa forme enrichie *m-amp-iditra* = litt. "faire entrer" ne lui donnait, avec *amp-idir-ana*, un circumfixe qui lui sert en fait de passif usuel. Les deux énoncés suivants montrent ainsi comment:

- En III.4. *ampidirana* "être introduit (dans…)" donne un passif à *miditra* "entrer (dans…)"
- En III.5. *ampivarotina* "être pris comme vendeur, admis à exercer l'activité de vendeur" donne un passif à *mivarotra* "être vendeur, exercer l'activité de vendeur"

III.4. Tao	**no**	**n-amp-idira-ko**	**ny**	**vola-ko**	**tany**
là	(connecteur)	introduit par moi passé	le	argent de moi	là

anaty	**ban**	**kiraro**	**-ko**
à l'intérieur de	chaussette	soulier	de moi

= litt. "C'est là que mon argent avait été introduit par moi dans ma chaussette" c.à.d. "C'est là que j'avais fourré…" (ANDRAINA 1975: 43).

III.5. Noho	**izaho**	**tsy zatra**	**miteny**	**frantsay**
parce que	je	ne..pas habitué	parler	français

sy	**tsy**	**mahay**	**teny anglisy**	**mihitsy**	**anefa**
et	ne..pas	savoir	langue anglais	du tout	cependant

dia	**tsy**	**azo**	**amp-i-varot-ina** ,	**hono**
(connecteur)	ne..pas	pu	être fait vendre	dit-on

= "Cependant, parce que je n'étais pas habitué à parler français et que je ne savais pas du tout l'anglais, je ne pouvais être pris comme vendeur, me dit-on" (ANDRAINA 1975: 15).

En principe, ce passif *-amp…ina* s'emploie en distribution complémentaire avec le passif préfixé par *a-*, en ce sens que l'un prédique de préférence les Noms de personne et l'autre les Noms de choses:

Amp-idin-ina ny vahiny = litt. "Le voyageur est fait descendre"
A-idina ny entana = "Les bagages sont descendus"
(exemples de RABENILAINA 2001: 161-163. Sur *-ina*, voir en dernier lieu RAJAONA 2004: 113 sq).

Mais cette complémentarité même montre comment la langue traite ces formes comme les deux passifs qui correspondent équivalemment, en tant que tels, au même actif *m-idina*. Passifs préfixés par *a-* et circumfixés par *amp...ina* se présentent d'ailleurs aussi en paires coordonnées, appliqués ensemble à un même Nom, comme en ce récit où le jeune matelot passe son temps à

Manisa	**ny**	**entana**	**a-ondrana**	**sy**	**amp-idin-ina**
compter	le	colis	embarqué	et	descendu

= "Compter les colis embarqués et descendus (dans la cale)" (ANDRIAMALALA 2000: 37).

Or en pareil cas de figure, partout où il produit un passif de suppléance au profit de quelque Verbe intransitif, *-amp-* ne doit pas être compté parmi les opérateurs causatifs.

b) *-amp-* n'assume plus la fonction d'opérateur causatif là où un quelconque Verbe porteur de cet affixe s'engage sur la voie de la lexicalisation. Le processus s'annonce par une perte partielle des propriétés normalement liées à la construction causative, et atteint son terme quand le Verbe considéré se trouve décidément stocké dans le lexique, comme il advient à *mampiasa* en son emploi III.6. La relation nouvelle du Verbe *m-amp-* à son Nom d'agent *mp-amp-*, telle que l'illustre en III.7. celle de *mampianatra* à *mpampianatra*, confirme et renforce, en des cas pareils, le déclin de la fonction causative. Voyons donc comment ces deux énoncés donnent à réfléchir.

III.6. ... izay	**fitiavana**	**rehetra**	**naseho-ny**
le...qui	affection	tout	montré par elle

ity	**zazavavy**	**mampiasa**	**azy**	**dia**	**voatevateva**
ce	jeune femme	employer	elle	(connecteur)	méprisé

= (La jeune servante Toly se désole en croyant constater que) "toute l'affection montrée par elle à la jeune femme qui l'employait était méprisée" (RATSIFANDRIHAMANANA 1992, II: 81).

La Phrase relative *ity zazavavy mampiasa azy* (ou plutôt: la Phrase simple sous-jacente à cette relative) met en oeuvre une syntaxe incontestablement causative:

Ity zazavavy	**m-amp-i-asa**	**azy**
suj.1 "causateur"	préd.1 "causateur"	suj.2 "causé"
	infixé dans le préd.2 "causé"	

Plusieurs propriétés usuellement attachées aux Phrases causatives lui font pourtant défaut. Le préd.1 "causateur" *-amp-* refuse toute paraphrase par un Verbe "contraindre à…, pousser à…, persuader de…" –sauf à trahir le sens, car l'énoncé cité ne signifie pas *ny zazavavy manery/mandrisika azy hiasa* = (l'affection que Toly montrait à) "la jeune femme qui la forçait/la poussait à travailler", mais seulement "… qui la faisait travailler" c.à.d. "lui donnait du travail". Se trouve de même exclue pour cause d'inadéquation sémantique la paraphrase par *noho*: du fait que "la jeune femme la faisait travailler" il ne suit pas que *Niasa I Toly noho ny zazavavy* = "Toly travaillait à cause de la jeune femme". De tels symptômes laissent déjà percevoir quelque chose de changé dans ce Verbe *mampiasa*. En quoi consiste le changement, c'est ce que nous aide à comprendre un autre phénomène, à savoir la difficulté d'adjoindre au constituant *miasa* (inclus comme préd.2 dans la forme *mampiasa*) un Adverbe qui l'affecte en propre. On sait qu'à l'hyper-Phrase causative composée de (P1 + P2) correspondent deux positions d'Adverbes (ANDRIANIERENANA 1996 b: 68, renvoyant aux travaux de M. BAKER et Y. LI). Or en notre cas un quelconque Adverbe de manière… ajouté à la P2 de façon à modifier son prédicat *miasa* semble bien produire une Phrase:

Ny zazavavy (no) mampiasa mafy/haingana azy
= "La jeune femme la fait travailler rudement/vite"

qui ne saurait être reconnue comme la même que III.6. Ce refus d'Adverbe tient au fait que *miasa* n'exprime plus en III.6. l'<u>événement</u> d'accomplir tel travail – soumis lui-même à des modifications portant sur le "comment, en quelles circonstances", mais l'<u>état</u> d' "exercer une activité de travail, avoir un emploi, avoir un statut de travailleur" -état qui ne requiert guère de précisions modificatives. La servante Toly "travaille" chez la jeune femme, laquelle la "fait travailler" c'est-à-dire l' "emploie". *Miasa* forme alors avec *mampiasa* une paire "occuper un emploi" vs "donner un emploi, employer (quelqu'un)" -paire régulière et intégrée dans la série lexicale qui en malgache comme en toute langue associe le "recevoir" au "donner".

L'énoncé III.7. apporte au dossier un indice convergent en illustrant, par les deux termes associés *mpampianatra-hampianatra*, la relation significative du Verbe *m-amp-*…avec le Nom d'agent correspondant *mp-amp-*…Il n'est pas sans importance que l'énoncé se présente comme un dialogue:

III.7. .- Tsy	**afeni-ko**	**anao,**	**fa**	**tena**	**kely**
ne..pas	caché par moi	à toi	que	vraiment	petit

karama	tokoa	ny	mpampianatra		eto	
salaire	très	le	enseignant		ici	

.- Tsy	mampaninona,		Tompoko,		hoy	Sahondra
ne..pas	importer		Monsieur		dit	(Nom propre)

nikiry	fa	dia	hanomboka	hampianatra		no
s'obstiner	car		commencer	enseigner		(connecteur)
			futur	futur		

faniria-ko
souhait de moi

= (Le directeur de l'école): "Je ne vous cache pas que les enseignants ont ici un salaire fort modeste".

.- (La jeune Sahondra, candidate à un poste d'institutrice): "Cela n'importe pas, Monsieur, dit Sahondra en s'obstinant, car commencer à enseigner est mon souhait" (RATSIFANDRIHAMANANA 1992, I: 126).

A l'encontre de l'avertissement "Les enseignants sont mal payés", Sahondra maintient son souhait de "commencer à enseigner". Mais "enseigner", dans ce contexte précis qui fait de *hampianatra* la reprise en écho de *mpampianatra*, signifie "exercer la fonction d'enseignante", c'est-à-dire qu'en fin de compte, *mampianatra* vaut ici pour "être *mpampianatra*". Tels textes dialogués où, en sens inverse, le Nom *mp-amp-...* reflète le Verbe *m-amp-...* qui le précède -et pour ainsi dire le sollicite- dans le discours, requièrent la même interprétation. Ainsi dans ce propos entendu, où le locuteur B pose d'entrée de jeu le terme *hampianatra*; et après une seconde d'hésitation, paraphrase aussitôt ce Verbe "enseigner" par l'expression *hanao mpampianatra* "se faire enseignante":

III.8. Locuteur A. Inona

III.8. Locuteur A. Inona		**no**	**hevitr-ao**	**mikasika**
	quel	(connecteur)	conseil de toi	concerner

izay	**ho**	**asan'**	**ny**	**zanak-ao**	**vavy**
le...qui	(futur)	travail de	le	enfant de toi	fille

any	**aoriana**	**any ?**
(lointain)	après	(lointain)

Locuteur B. Hampianatra...	**Hanao**	**mpampianatra.**	**Amin'izay**
enseigner	faire	enseignant	avec cela
futur	futur		

izy,	**fara**	**faha ratsiny,**	**ho**	**voaaro**	**tsara**	**amin'**
elle	finalement		futur	protégé	bien	contre
	(expression)					

ny	tsy	fananana	asa
le	ne..pas	fait d'avoir	travail
		Nom verbal	

= Locuteur A. "Quel est ton conseil en ce qui concerne le métier de ta fille plus tard ?"
Locuteur B. "D'enseigner… d'être enseignante. Comme ça, elle sera finalement bien protégée contre le chômage".

Ces données de fait dictent des conclusions qui au-delà de *mampianatra* choisi comme exemple intéressent l'ensemble des Verbes infixés par *-amp-*. Ces conclusions concernent à la fois la sémantique et la syntaxe. Pour ce qui est du sens, la démarche usuelle consignée dans les dictionnaires consiste à définir *mpampianatra* "celui qui enseigne" à partir de *mampianatra* "enseigner". Or il résulte d'énoncés tels que III.8. qu'à l'inverse de ces définitions, ce peut être *mampianatra* qui tire de *mpampianatra* son contenu signifié. Quant à la syntaxe, il s'avère que ce *mampianatra* "être un enseignant", devenu Verbe simple, intransitif d'état, échappe dès lors complètement au schéma qui fait les causatifs. Un suj.2 "causé" effacé, une P2 de ce fait incomplète, un infixe ne jouant plus aucun rôle d'opérateur: assurément, dans un cas de ce genre le Verbe infixé par *-amp-* a perdu son statut de causatif.

Il existe donc en malgache des cas tels que l'infixe *-amp-* ne fonctionne pas dans la Phrase comme un opérateur causatif. Certes le morphème *-amp-* porte en lui une valeur causative; mais il n'est prédicat causatif qu'en emploi, c'est-à-dire là où il opère effectivement sur la Phrase "causée" de façon à organiser autour de lui une construction à deux Phrases emboîtées "causative" et "causée". Il convient seulement d'estimer cet état de choses à sa juste mesure. Les Verbes infixés par *-amp-* qui ne présentent pas, ou ne présentent plus une syntaxe causative sont à considérer comme autant de cas particuliers dont chacun s'explique dans un contexte précis; et tous se distinguent par là de ceux des préfixés par *man(a)-* qui produisent, au lieu de causatifs, de simples Verbes transitifs (voir en II.1.2). Ces derniers réalisent en effet une construction régulière et reconnue comme telle dans la langue, alors que les infixés par *-amp-* privés de fonctionnement causatif ne constituent point, tous ensemble, un type de construction intégré à la grammaire. L'essentiel du morphème *-amp-* réside donc en définitive dans sa causativité, dont il convient maintenant de décrire les réalisations.

2. Les réalisations. Le morphème *-amp-* s'infixe nécessairement à l'intérieur d'une forme verbale elle-même préfixée par *m-* (voir 1.1.2. ci-avant). Il n'y a donc pas lieu de classer les Verbes *m-amp-…*, comme nous l'avions fait précédemment pour les causatifs en *man(a)-*, suivant la nature nominale/adjectivale/verbale du radical affixé. En revanche, dans une forme comme *m-amp-i-laza* "faire dire", la relation mutuelle entre les deux sujets "causateur" et "causé" revêt d'autant plus d'importance qu'elle laisse plus de jeu entre les deux agents hiérarchisés, et que le Verbe *mampilaza* s'avère moins fortement directif que n'ont paru l'être, dans notre analyse antérieure, *man-ala* ou *mana-dio*. Or pour saisir le contenu de cette relation, il faut observer la façon dont se distribuent entre les deux sujets les qualités <plus ou moins agentif>, <plus ou moins contrôleur>. Nous trouverons là le principe d'une classification entre énoncés contenant des Verbes infixés par -*amp*-, selon que chacun de ceux-ci appartient à l'un ou l'autre des sous-ensembles:

sous-ensemble -*amp-1* : suj.1 <+ agentif>, suj.2 <+ contrôleur>
sous-ensemble -*amp-2*: suj.1 <+ agentif>, suj.2 <- contrôleur>
sous-ensemble -*amp-3*: suj.1 <- agentif>, suj.2 <plus ou moins contrôleur>

Cette classification fondée sur une base sémantique n'en est pas moins partie prenante à la grammaire, si l'on considère la compatibilité plus ou moins forte des différents sous-ensemble avec la voix active, ou le lien qui rattache un sujet "causateur" faiblement agentif à la possible reformulation de la Phrase concernée par une tournure circonstancielle. Chaque sous-ensemble comporte donc ses propriétés indissociablement sémantiques et grammaticales.

2.1. -*amp-1*: suj.1 <+ agentif>, suj.2 <+ contrôleur>.

Au sujet "causateur" revient évidemment l'initiative de déclencher le procès qui selon le dire du locuteur produit un changement dans l'ordre du monde. Le suj.2 "causé" ne dispose sur ce procès que d'un pouvoir de contrôle. Cependant à la condition d'exercer fortement cette part de pouvoir, le suj.2 <+ contrôleur> n'en est pas moins capable soit de conforter, soit de contrarier l'action du suj.1. Il en résulte deux cas de figure selon que s'établit entre "causateur" et "causé" une relation coopérative ou contradictoire.

a) Suj.1 et suj.2 en coopération. La force agentive que le locuteur prête au suj.1 implique une activité volontaire, c'est pourquoi le Nom affecté à la position de suj.1 portera typiquement le trait sémantique <+ animé>, voire <+ humain>; tout au plus la personne agissante pourra-t-elle se voir désigner, en une sorte de substitution métonymique, par le Nom de son activité, comme est *ny nataon'i Soa* dans l'équivalence:

Mampitobaka ny rano i Soa = Mampitobaka ny rano ny nataon'i Soa
fait déborder   le eau   Soa = fait déborder le   eau le fait par   Soa

= "Soa fait déborder l'eau" = "L'action de Soa fait déborder l'eau" (exemple de ANDRIANIERENANA 1996 a: § 2.11.1).

En un remarquable commentaire méta-linguistique l'énoncé suivant explicite l'efficacité "causatrice" du suj.1 en montrant *a contrario*, sur un cas concret, comment l'absence d'impulsion "causatrice" ("Si le roi ne fait pas cesser...") entraîne un blocage du procès "causé" ("alors on ne cesse pas"):

III.9. Koa raha tsy ny andriana no mampitsahatra
    aussi si ne..pas le roi   (connecteur) faire cesser

dia   tsy   mitsahatra
alors   ne..pas   cesser

= (Pour soutenir les guerriers les femmes pratiquent le rite du *firary* matin et soir tous les jours). "Et aussi, si ce n'est pas le souverain qui dit de cesser, alors on ne cesse pas" (CALLET: 257).

La chaîne causale courant du procès "causateur" (-*amp*-) au procès "causé" (exprimé par le Verbe infixé : *mitsahatra* en III.7) se trouve parfois allongée d'un maillon supplémentaire, comme est *manampy* en amont de *h-amp-anaiky* dans l'énoncé suivant:

III.10. Ary raha   tia-nao   aza   dia   afaka
    et   si   voulu par toi même   eh bien   disposé

manampy anao   aho   h-amp-anaiky   azy
aider   toi   je   faire accepter   elle
        cas objet cas sujet   cas objet

= "Et même, si tu veux, je suis disposée à t'aider à la faire accepter" (BARIJAONA: 50).

Note pour faciliter la compréhension du texte.
- Le contenu narré. Monsieur Rado voudrait épouser la jeune Navalona – laquelle jusqu'à présent ne s'y résout pas. La mère de la jeune fille, qui souhaite pourtant ce mariage, propose au prétendant de l'aider à convaincre sa fille.
- Les pronoms et leurs référents.
        aho = la locutrice, mère de Navalona
        anao = Monsieur Rado
        azy = Navalona.
On voit ici trois Phrases emboîtées par leur syntaxe autant que par leur sens:
- En début de chaîne,
      La mère de Navalona   aide (M.Rado à faire que Navalona consente)
      aho   *manampy*   (*anao h-amp-anaiky azy*)
- En position médiane,
      M.Rado   fait que Navalona consente
      ianao   -*amp*-   (*azy manaiky*)

- En bout de chaîne

Navalona   consent (au moins dans les vues de sa mère)
Izy   manaiky

Mais Navalona va-t-elle consentir ? Sa mère n'en doute pas. Et de fait, dans le monde extra-linguistique la chaîne causale se déroule généralement sans rupture, et la plupart des énoncés décrivent donc un procès causatif où l'agent secondaire (grammaticalement codé comme sujet "causé") ne fait que suivre l'impulsion donnée par l'agent principal (codé comme sujet "causateur"). Cependant tel n'est pas toujours le cas. Comme le remarque R.B.RABENILAINA, si le maître prend l'initiative de "faire chanter les enfants" (*m-amp-i-hira*), ce sont quand même les enfants qui chantent de leur propre vouloir. (1979: 314). Par une lucide prise de conscience métalinguistique un locuteur du *Tantara ny Andriana* remarquait déjà que si le roi (sujet "causateur") commande un travail, ce n'en est pas moins le peuple (sujet "causé") qui l'accomplit bel et bien:

III.11.   **Hadi-ntany**   **voalohany**   **nampanaovi ny**   **ny**
               fossé de terre   d'abord   faire faire par   le
                                                          = *nampanaovin'ny*

Mpanjaka   **ny**   **vahoaka:**   **ny**   **vahoaka**   **no**   **nanao,**
roi   le   peuple   le   peuple   (connecteur)   faire
                            "destinataire"   passé

izany   **no**   **nanaovana**   **azy**   **An-kadim-bahoaka**
ceci   (connecteur)   nommer   lui   à fossé du peuple
                               circonstanciel   cas objet

= "Le roi d'abord fit faire une tranchée au peuple: c'est le peuple qui fit la chose; c'est pour cela qu'on appelle l'endroit "Au fossé-du-peuple" (CALLET: 238).

De tels cas laissent percevoir, entre "causé" et "causateur", un degré d'indépendance, capable de s'élargir éventuellement jusqu'à la franche contradiction.

b) Suj.1 et suj.2 en contradiction. Et si Navalona ne "consent" pas à épouser Monsieur Rado ? Que pourra faire le malheureux, sinon

       M-amp-anao   **izay**   **tia-ny**
       laisser faire   ce que   voulu par elle

= "La laisser faire ce qu'elle veut".

M-amp-anao : un "faire (faire telle chose)" entendu cette fois comme un "laisser (faire...)". On voit ici quelle configuration nouvelle se met en place quand l'agent secondaire se pose en conflit avec le vouloir de l'agent principal. Ce cas de figure se trouve réalisé dans des situations narrées où le "causateur" ne voudrait pas, par exemple, littéralement "faire entrer" le "causé" dans tel lieu placé sous son autorité, tandis que ce dernier prétend au contraire y obtenir l'accès. Or en pareil cas l'infixe causatif -amp- relève d'une interprétation "laisser (entrer)" plutôt que "faire (entrer)". De fait il s'agit bien d'interprétation c'est-à-dire du travail interprétatif fourni par le décodeur de l'énoncé. Car la relation discordante du "causé" au "causateur" résulte d'un jeu à deux entre le narrateur et son auditeur/lecteur: l'un encode l'événement narré par un prédicat causatif -amp-, l'autre décode en associant à ce prédicat une interprétation permissive. La lecture permissive s'impose par exemple dans les deux énoncés suivants. En III.12. le lycéen qui se présente à l'entrée d'une salle de lecture se heurte au refus de la bibliothécaire car il ne peut montrer aucune carte d'inscription scolaire; après quelques conciliabules il est, en fin de compte, (littéralement) "laissé-accéder par elle". L'expression *nampandrosoina izy* admettrait ici fort bien pour paraphrase sémantique:

Navela	**mandroso**	**izy**
être laissé	entrer	il
passé		cas sujet

= "Il fut laissé entrer".

III.12. – Hadino-ko   **any**   **an-trano** **ny** **karatr-o**
    oublié par moi   là-bas   à maison le carte de moi

hoy   **aho**
dire   je

- Sarotra   **ami-ko** **ny**   **h-amp-indrana** **boky**
difficile   pour moi le   faire emprunter livre

anao   **raha**   **izany**
à toi   si   ceci

Asa   **izay tao**   **an-tsain'**   **ilay** **olona,** **fa**
Je ne sais   ce qui là   dans esprit de   ce personne mais

farany,   **n-amp-androsoi-ny**   **aho**
à la fin   fait entrer par elle   je

= "J'ai oublié ma carte à la maison, dis-je .- Il m'est difficile de te laisser emprunter des livres si c'est comme ça... Je ne sais ce qui se passa dans l'esprit de cette personne, mais à la fin, elle me laissa entrer" (ANDRAINA 1975: 65).

En III.13. le maître du logis déclare, à propos d'un mauvais garçon qui fait scandale dans le quartier, (littéralement) "Il ne sera pas laissé entrer par moi dans la maison". La paraphrase sémantique de l'expression *hampidiriko izy* par

Tsy havela-ko miditra izy
= "Il ne sera pas laissé-par-moi entrer"

s'avère cette fois encore tout à fait pertinente.

III.13. Tsy	**h-amp-idiri-ko**	**an-trano**	**intsony**	**iny**
ne..	laissé entrer par moi	à-maison	..plus	celui-là

= litt. "Celui-là ne sera plus laissé par moi entrer dans la maison" c.à.d. "Celui-là, je ne le laisserai plus entrer..." (ANDRAINA 1975: 117).

Mais comment le décodeur en vient-il à entendre au sens permissif un infixe *-amp-* pourtant codé dans la langue comme un causatif ? Comment conduit-il son travail interprétatif ? Ce travail implique en fait deux opérations cognitives enchaînées. Dans un premier temps le décodeur se construit une représentation de la scène narrée en tant qu'affrontement entre les deux vouloirs opposés du "causateur" et du "causé"; il collecte pour cela les indices déposés dans le texte (parfois au prix d'une anamnèse vers l'amont du récit) qui montrent comment l'individu grammaticalement codé comme le "causé" finit par forcer la main au "causateur" en imposant sa volonté d' "accéder (à la bibliothèque)" (*miditra*). Et de là le décodeur est amené par induction au calcul suivant: d'une part le narrateur semble vouloir poursuivre le récit depuis le point de vue du "causateur" en conservant l'usage du Verbe infixé par *-amp-*; d'autre part on ne peut dire -si l'on tient à sauvegarder la cohérence de l'histoire narrée- que le "causateur" (c'est-à-dire la bibliothécaire dans la situation III.12) <u>fait</u> entrer le lycéen: on infléchira donc nécessairement la valeur usuelle de l'infixe pour l'interpréter comme permissif plutôt que "causatif".

En définitive, ce qui sépare le "laisser (entrer...)" du "faire (entrer...)" , c'est-à-dire les emplois de *-amp-* rangés respectivement sous b) et a), n'est rien de plus mais rien de moins qu'un calcul sur le sens. Rien de moins, car la lecture permissive ne donne pas lieu seulement à des paraphrases révélatrices (voir *Navela, Havela-ko* ci-avant), mais organise tout l'énoncé comme le récit d'un dialogue conflictuel, dont une explication de texte détaillée montrerait les manifestations au niveau énonciatif (choix des Adverbes appréciatifs, etc...).

2.2. *-amp-2*: suj.1 <+ agentif>, suj.2 <- contrôleur>. Avec sa capacité de <+ contrôle> le suj.2 "causé" perd ce qui faisait l'essentiel de sa relation avec son suj.1 correspondant, c'est-à-dire sa capacité soit à conforter soit à contrarier ce sujet "causateur". C'est alors l'ensemble (P1 + P2) qui se réorganise tout entier, de telle sorte que par-dessus le suj.2 affaibli, le sujet "causateur" se trouve associé d'autant plus directement au préd. 2 "causé". Les questions touchant à ce dernier gagnent de ce fait en pertinence. Classer et bien observer les Verbes assignés à la position de préd.2 peut nous aider à caractériser le sous-ensemble *-amp-2*, et de façon plus générale, nous apprendre quelque chose sur l'infixe *-amp-*.

Le Verbe en pareille position (disons: le V2) désigne:
a) soit un processus comme en III.14.
b) soit un événement comme en III.16. et III.17.
c) soit un état comme en III.18.

A chacune de ces classes sémantiques sont associées certaines particularités de fonctionnement grammatical.

a)

III.14. M-amp-i-tobaka		**ny**	**rano**	**i**	**Soa**
fait	déborder	le	eau		N propre
préd.1	préd.2		suj.2	article personnel	

= "Soa fait déborder l'eau" (exemple de ANDRIANIERENANA 1996 a: § 2.6).

Le Verbe de base *mitobaka* "déborder" désigne un processus c'est-à-dire un procès dont se trouve précisé le début (l'instant où Soa, par quelque geste intentionnel ou non, provoque le débordement) mais non la fin (à défaut d'intervention pour y mettre fin, l'eau déborde indéfiniment). Son causatif *m-amp-i-tobaka* tel que minutieusement décrit par C.L.ANDRIANIERENANA (1996 a: § 2.3. à 2.7. se référant à RABENILAINA 1979) commute avec *manatobaka* (§ 2.7); et la Phrase III.14. dont il constitue le centre se laisse reformuler par *noho*:

III.15. Mitobaka	**noho**	**i**	**Soa**	**ny**	**rano**
déborder	à cause de		N propre	le	eau

= "L'eau déborde à cause de Soa" (§ 2.6).

C'est la possibilité de paraphraser ainsi la P1 (suj.1 + *-amp-*) par (*noho* + suj.1) que nous retiendrons pour critère afin de différencier les trois types a), b) et c).

b)

III.16. Nandray	**ny**	**zazakely**	**Ramatoa**	**Razay**	**h-amp-i-sotro**
prendre	le	bébé	Madame	N propre	faire boire futur

azy	**ilay**	**ranon-tsiramamy**	
à lui	le	eau	sucre

= "Madame Razay prit le bébé pour lui faire boire l'eau sucrée" (RATSIFANDRIHAMANANA 1992, I: 45).

Le Verbe de base *misotro* désigne un événement, c'est-à-dire un procès dont le début et la fin sont également précisés: le début, par l'indication explicite *Nandray ny zazakely Ramatoa Razay;* la fin, par ce que la scène décrite et notre connaissance du monde extra-linguistique laissent aisément deviner: l'enfant boit jusqu'à épuisement de la quantité offerte, ou jusqu'à satiété -c'est-à-dire, non pas indéfiniment, mais jusqu'à une limite prévisible.

Tout événement ne résulte pas nécessairement d'une activité personnelle et volontaire ("Les pétards éclatent..."). Mais c'est au moins le cas d'un procès comme celui de boire, de sorte que le Verbe *misotro* qui l'exprime en malgache sert d'habitude à prédiquer un sujet de type <+ agentif>. Si l'énoncé III.16. associe pourtant *misotro* à un suj.2 <- contrôleur>, c'est parce qu'en pareil contexte l'enfant nouveau né (*zazakely*) n'est pas en état de boire par ses propres moyens. Le même état de choses se montre réalisé dans cet autre exemple, où un esprit surnaturel "<u>fait</u> accomplir" diverses actions à une personne dépossédée de son vouloir propre:

III.17. Ranoromasina   **no**   **m-amp-anao**   **ahy**   **io**
Nom propre   (connecteur)   faire faire   à moi   ce

kofehy   **andihiza-ko**   **io**
ficelle   danser par moi   ce
    circonstanciel

= "C'est Ranoro-sainte qui me fait agir avec cette ficelle-là, sur laquelle je danse" (dit la possédée) (CALLET: 242).

Note. Ranoro est le nom d'une Vazimba -esprit de la nature et surtout des eaux, vénérée notamment autour du lac Itasy. On lui attribue des cas de possession, manifestés par divers phénomènes de transe. Suivant le même texte, ce sont aussi les "âmes des choses" (*avelo-njavatra*) qui "font rêver" (*m-amp-a-nofy*) les personnes possédées… et de ce fait, privées de tout contrôle sur le procès, ou leur "font apporter des objets" (*m-amp-an-atitra zavatra*) à déposer sur les tas de pierres (CALLET: 245).

Or dans cette situation où le sujet "causé" emprunte pour ainsi dire son agentivité au "causateur", la paraphrase pertinente ne se réalise visiblement pas par *noho*; mais bien plutôt par une tournure passive, où se manifeste avec justesse le rôle d' "agent" précisément joué en III.16. par le suj.1:

M-amp-i-sotro ny zazakely Ramatoa Razay
> Amp-i-sotro-in-dRamatoa Razay ny zazakely

= litt. "Le bébé est fait-boire par Madame Razay".

En définitive, la P1 que forme *-amp-* avec son suj.1 "causateur" exprime plutôt la force agissive que la cause à proprement parler.

c)
III.18. = III.3. Koa am-pitahorana ny fivavahana amy ny Vazimba. Ary ny razana tsy mba m-amp-i-tahotra ny olona fa havana, koa tsy mba am-pitahorana

= "Aussi, avec peur se fait la prière aux Vazimba. Et les ancêtres ne font point peur aux gens, car ils sont des parents; aussi n'est-ce point avec peur (qu'on les prie)" (CALLET: 258).

L'Adjectif - Verbe statif *ma-tahotra* désigne un état, c'est-à-dire un procès dont ni le début ni la fin ne sont précisés: la peur des Vazimba, dans un énoncé comme *Mampitahotra ny olona ny Vazimba,* ne prend pas son origine dans un incident particulier, ni ne disparaît par l'effet d'un événement datable.

Par une exigence normale de cohérence sémantique, le suj.2 du prédicat "causé"désigne le siège du procès plutôt que son agent. Ainsi fait *olona* dans la Phrase de base *Matahotra ny olona* = "Les gens ont peur", car les gens ainsi désignés ne contrôlent pas l'état de peur mais l'éprouvent tout simplement. Ici comme en III.16. du cas précédent, c'est plutôt au sujet "causateur" que revient la capacité de "faire (*-amp-*) les gens avoir peur". Est-ce à dire que la relation du suj.1 *ny Vazimba* à la P2 *Matahotra ny olona*, telle qu'elle passe par *-amp-*, soit exactement causale -c'est-à-dire que *-amp-* signifie "LesVazimba <u>sont cause du fait</u> que les gens ont peur" ? La possible paraphrase par *noho* sauvegarde cette interprétation:

Matahotra ny olona noho ny Vazimba
(ou mieux dit: **noho ny hafatra napatran'ny Vazimba**)
= "Les gens ont peur à cause des Vazimba (à cause de l'exigence posée par les Vazimba)".

Cependant une saisie plus fine montre qu'il s'agit là, plutôt que d'un enchaînement de cause à effet, d'une relation entre antécédent et conséquent, où le "causateur" est conçu exactement comme une origine: "Les Vazimba <u>font naître</u> cet état où les gens ont peur, c'est <u>d'eux</u> que naît cet état...". La paraphrase la plus appropriée recourt en effet à des termes de "provenance" comme *avy*:

Avy amin'ny Vazimba ny fatahorana ny olona
= "C'est des Vazimba que provient la peur".

Mais celle qui présente un intérêt particulier, parce qu'elle implique une transformation syntaxique, est bien la paraphrase par le circonstanciel. Le Nom de circonstance "origine" utilisé comme sujet s'y combine avec la forme verbale en -*ana* pour former la classique construction circonstancielle; et l'énoncé qui en résulte:

Ny Vazimba no atahoran'ny olona
= litt. "Les Vazimba sont de qui provient le fait que les gens ont peur"
c.à.d. "Les Vazimba sont source de peur chez les gens"

s'inscrit sans peine dans le schéma, très productif en malgache, des Phrases circonstancielles (Nom de "provenance, origine" + forme verbale en -*ana*) tel qu'illustré en:

III.19. Inoa-ko	**fa**	**i**	**Neny**	**no**	**nivoahan'**
cru par moi	que	article personnel	Maman	(connecteur)	sortir circonstanciel

izany
cela

= litt. "Je crois que Maman fut (celle) à partir de qui sortit cela (cette rumeur)"
c.à.d. "Je crois que c'est Maman qui fut à l'origine de cette rumeur" (ANDRAINA 1975: 13).

La construction circonstancielle rétrograde le suj.2 jusqu' au rôle d'agent construit comme un "possesseur" en position suffixée. Une corrélation peut ainsi se mettre en place, suivant l'intention expressive du locuteur, soit entre sujet(s) <+ agentif(s)> et voix active (comme en **a**), soit d'autre part entre suj.2 <- contrôleur> et construction circonstancielle (comme en **c**). Il faut donc s'attendre à voir, à plus forte raison, le circonstanciel intervenir quand le suj.1 perd lui-même toute agentivité.

2.3. -*amp-3*: suj.1 <-agentif>, suj.2 <+ contrôleur> ou <- contrôleur>. Au suj.1 <- agentif> correspond un suj.2. soit <+ contrôleur> comme *I Navalona* en III.20, soit <- contrôleur> comme *ny orona* en III.21:

III.20. Ary	**mety**	**ho**	**izay**	**no**	**n-amp-andeha**
et	il se peut	que (introducteur de disc.dir., avec doute)	ceci	(connecteur)	faire s'en aller

an'	**i**	**Navalona**
marqueur de cas objet	article personnel	N propre

= litt. "Et peut-être que cela a fait partir Navalona" c.à.d. "Et peut-être est-ce là toute la cause du départ de Navalona" (BARIJAONA: 54).

Note. "Cela" = la façon dont la mère de la jeune fille a organisé la fête de fiançailles sans l'accord de l'intéressée.

III.21. Izany	**no**	**m-amp-i-tampina**	**ny**	**oro-ny**
ceci	(connecteur)	faire être bouché	le	nez de lui

= "C'est cela qui fait que son nez est bouché" (exemple de ANDRIANIERENANA 1996 a: § 4.3.2).

Il est vrai que les deux séquences:

Suj.1 <- agentif>, suj.2 <+ contrôleur>

Suj.1 <- agentif>, suj.2 <- contrôleur>

pourraient être traitées comme autant de schémas distincts (comme fait ANDRIANIERENANA 1996 a: § 2.8). Cependant les traits de fonctionnement communs ont paru l'emporter sur les divergences au point de justifier une description unique. Dans tous les cas ce semble être en effet la P (suj.1 + -amp-), plutôt que le suj.2, qui sélectionne les paraphrases selon leur degré de pertinence.

Que dire du suj.1 ? Ce "causateur" non agentif se réalise:
- soit par le Nom d'un événement ou processus -dont le suj.2. parfois conserve et parfois perd le contrôle, comme le grondement de l'usine qui importune le voisinage en III.22.
- soit par un anaphorique résomptif tel que *izay* en III.20. ou le très fréquent *Izany no...* en III.23.
- soit par un Syntagme Prépositionnel comme *arakaraka...* en III.24. ou *tamin'izay...* en III.25: une façon de réaliser le sujet par un Syntagme Prépositionnel qui n'est d'ailleurs pas exceptionnelle en malgache.

III.22...ka	**n-amp-an-draiki-marary**		**ny**	**an-doha-ny**
et	faire se sentir	malade	le	dans tête de elle
				= Sahondra

ny	**firohon-droho-ny**
le	grondement de elles (= les machines)

= litt. (Sahondra entendait fonctionner les machines pour le décorticage du riz de l'usine proche) "et leur grondement la faisait se sentir malade dans la tête" c.à.d. "lui faisait mal à la tête" (RATSIFANDRIHAMANANA 1992, I: 76).

III.23. Tsy   **fantatr-ao**   **ny**   **fijalian'**   **ny**   **fanahi-ko,**
ne..pas   connu par toi   le   souffrance   le   esprit de moi

dokotera,   **hoy**   **Sahondra…, ka**   **izany**   **no**   **m-amp-i-teny**
docteur   dit   N propre   et   cela   (connecteur)   fait dire

anao   **toy**   **izao**
à toi   comme cela

= "Vous ne connaissez pas la souffrance de ma conscience, docteur, dit Sahondra…, et c'est ce qui vous fait parler comme ça" (RATSIFANDRIHAMANANA 1992, I: 52).

III.24. Tami-ko   **dia**   **arakaraka**   **ny**   **halavan'**   **ny**
quant à moi   (connecteur)   selon   le   longueur de   le

fotoam-pivavahana   **no**   **m-amp-i-hemotra**   **koa**   **ny**
temps prière   (connecteur)   faire tarder   aussi   le

fotoana   **tena**   **hisehoa-ko**   **sy**   **hidira-ko**   **an-tsehatra**
temps   exact   comparaître par moi   et   entrer   à   scène
              circonstanciel futur   circonstanciel futur

manokana
seul

= litt. "En ce qui me concerne, suivant la longueur du temps de l'office (religieux) retarde aussi le moment où je me présenterai et entrerai seul en scène" c.à.d. "La durée de l'office retarde aussi, à raison de sa longueur, le moment où…" (ANDRAINA 1975: 31).

III.25. Tamin'izay   **no**   **n-amp-i-fefy**   **ny**   **tokotani-ny**
lors de ceci   (connecteur)   faire être clôturé   le   cour de lui

= litt. "A ce moment-là fit que sa cour était clôturée" c.à.d. "C'était à ce moment-là que sa cour était clôturée" (exemple et traduction de ANDRIANIERENANA 1996 a: § 6.2.2).

Qu'est-ce donc qui caractérise en propre un tel dispositif ? On utilisera pour le savoir la même question qui a déjà fait ses preuves aux paragraphes précédents, c'est-à-dire: dans quelle mesure, et avec quel résultat, l'énoncé à sujet <-

agentif> se laisse-t-il paraphraser par une construction qui inclue soit le Syntagme Prépositionnel *noho...*, soit le circonstanciel ?

La paraphrase par *noho* n'est certes pas exclue, comme l'atteste III.27. rapporté à III.26:

III.26 = III.21. Izany no m-amp-i-tampina ny oro-ny

= "C'est cela qui fait que son nez est bouché" (exemple de ANDRIANIERENANA 1996 a: § 4.3.2).

III.27. Mitampina ny oro-ny noho izany

Mitampina	ny	oro-ny	noho	izany
être bouché	le	nez de lui	à cause de	cela

= "Son nez est bouché à cause de cela (ibid.).

Cependant le corpus ne présente en fait que de rarissimes exemples de *noho...* capables de former une telle paire avec une Phrase de type *-amp-3*, contre une abondante collection de circonstanciels aptes à entretenir avec *-amp-3* une relation de correspondance réglée. Nul ne s'en étonnera, tant est visible le lien de convenance entre le circonstanciel à sujet de"circonstance" et la construction *-amp-3* à sujet < agentif>. Saisissons par exemple d'un seul regard les deux énoncés suivants:

III.28. = III.23. ... ka izany no m-amp-i-teny anao toy izao (RTSIFANDRIHAMANANA 1992, I: 52).

III.29. Ary *tsy* *mety* *maty* *razana* **ny** **Andria-**

Ary	tsy	mety	maty	razana	ny	Andria-
et	ne..pas	être permis	mort	ancêtre	le	prince -

manjaka,	nanaovana	ny	velon-drai-aman-dreny	izany
régnant	faire	le		ceci
	circonstanciel			

= "Et le prince régnant *ne peut mourir en (quant à) ses ancêtres*: c'est pour cela qu'on a institué les "aux père-et-mère-vivants" (exemple et traduction de CALLET: 255).

Note. Les *velondraiamandreny* sont des jeunes gens qui, ayant leurs père et mère encore en vie, symbolisent de ce fait le lien sans rupture entre générations. Cet heureux *omen* réalisé en leur personne les qualifie pour assurer le "service en l'honneur des ancêtres sur les 12 montagnes" (suivant la traduction de CALLET: 255).

Au niveau syntaxique, les deux Phrases échangent exactement leurs structures:

III.28. Izany no m-amp-i-teny   **anao toy izao**
    suj.1   préd.1 préd.2   suj.2

> **Izany**   **no**   **itenena-nao**   **toy izao**
> ceci   parler par toi
> sujet "circonstance"   circonstanciel

= litt. "Ceci est la circonstance (à cause de laquelle) vous parlez comme ça"

III.29. Izany   **no**   **nanaovana**   **ny**   **velondraiamandreny**
       ceci   faire   le
       sujet "circonstance"   circonstanciel

> **Izany**   **no**   **n-amp-anao**   **ny**   **velondraiamandreny**
> suj.1   préd.1 préd.2   compl. direct de *manao*

= "Ceci fit créer les *velondraiamandreny*".

<u>Remarque</u>. Dans ce dernier énoncé le suj.2 semble manquer. Il est seulement en ellipse, aisément restituable par le co-texte: "Ceci fit (les responsables de l'organisation du culte, etc…) créer les *velon-*…"

Au niveau sémantique, tout énoncé causatif exprime évidemment le signifié général de cause. Mais celui-ci admet des interprétations diverses. Or III.28. et III.29. associent à leurs structures respectives une seule et même interprétation; et celle-ci diffère nettement de celle qu'on trouve attachée aux Phrases construites au moyen de *noho*. Expliquons: en III.28, l'inattention du médecin aux souffrances psychiques de sa patiente <u>explique</u> (plutôt qu'elle ne <u>cause</u>) la façon dont il lui parle; en III.29. la nécessité de perpétuer la mémoire des ancêtres royaux <u>rend compte</u> de la décision instituant un corps de spécialistes pour assurer ce service. Or d'une telle "circonstance" explicative-justificative rapprochons à présent, pour comparaison, la façon dont III.26. invite à interpréter la même notion générale de cause. Nous découvrons cette fois une cause déterminante ou suffisante -celle qui produit l'effet désigné par le préd.2, et qui se laisse vérifier par la contre-épreuve:

Raha   **tsy**   **izany**   **dia**   **tsy**   **tampina**
si   ne..pas   cela   alors   ne..pas   être bouché

ny   **oro-ny**
le   nez de lui

= "Si cela (= la cause mentionnée dans le co-texte antérieur, comme une infection grippale, la pollution…) n'avait pas existé, son nez n'aurait pas été bouché".

La différence entre la cause déterminante de III.26. et la cause explicative-justificative de III.28-III.29. revient donc à celle entre: L'agent <u>fait faire</u> (quelque chose à quelqu'un)/<u>fait advenir</u> (tel événement) et: Cela <u>fait que</u> (les choses se passent en réalité de telle façon).

Une fois bien notée la convergence de valeur entre *-amp-3* et circonstanciel, n'oublions quand même pas, pour finir, de tracer les limites. De fait cette correspondance du circonstanciel à *-amp-3* qui concerne leur commune interprétation explicative, ne décrit pas tous les emplois de ce circonstanciel. En III.30. par exemple les "circonstances" alléguées ne contiennent rien qui <u>explique</u> ou <u>justifie</u> l'apparition des Vazimba; elles en énumèrent seulement les formes et manifestations (ils ressemblent à des hommes, ils entraînent les humains à commettre telles actions…), reprises par l'anaphorique *Izany* servant lui-même de sujet aux circonstanciels *niposaha-ny* et *angatahana*:

III.30. Ary	**ny**	**olona**	**tsindria ny,**	**dia**	**mahita**	**azy:**
et	le	gens	possédé par eux	(connecteur)	voir	eux

dia	**olona**	**tahak'**	**izao**	**olona**	**izao**	**ny**
(connecteur)	gens	comme	ces	gens	ces	les

Vazimba	**hita**	**ny**	**ary**	**izay**	**asai'**	**ny**
	vu	par	eux	et	ce qui	ordonné par	eux
						=les Vazimba

atao	**dia**	**atao**	**ny.**	**Izany**	**no**
être fait	(connecteur)	être fait	par eux	Ceci	(connecteur)
			= les gens		

niposaha-ny	**ny**	**Vazimba**	**no**	**angatahana**	**sy**
apparaître	le		et	supplier	et
circonstanciel passé				circonstanciel	
= *niposahan'ny Vazimba*					

isoronana	**omby**
sacrifier	boeuf
circonstanciel	

= "Et les hommes possédés par eux les voient: les Vazimba tels que vus par eux sont des gens comme les gens d'ici, et ce qu'ils ordonnent de faire, les hommes le font. Telles sont les circonstances dans lesquelles les Vazimba sont apparus, et dans lesquelles on leur adresse suppliques et sacrifices de boeufs" (CALLET: 240. Traduction personnelle).

Par de telles "circonstances" purement descriptives, la construction circonstancielle déborde ainsi le domaine d'emploi de *-amp-3* -ce que tente de représenter le schéma (en gras: le domaine de l' "explicatif", qui ne couvre ni tous les emplois de *-amp-* ni tous ceux du circonstanciel):

-amp-1	*-amp-2*	***-amp-3***	**le circonstanciel avec ses"circonstances" explicatives**	circonstanciel avec ses"circonstances" descriptives

En définitive, les trois *-amp-* qu'a distingués notre analyse forment un ensemble diversifié mais complémentaire. Réalisant tous trois une seule et même structure syntaxique où une P2 "causée" se trouve emboîtée sous une P1 "causatrice", ils divergent par les interprétations sémantiques qui accompagnent chaque cas de fi gure. Si l'on veut consigner les résultats dans autant de noms appropriés, on proposera d'appeler
- la Phrase de type *-amp-1*: une causative <u>factitive</u> puisque le sujet "causateur" y fait agir le sujet "causé" en vue d'atteindre le résultat visé
- la Phrase de type *-amp-2*: une causative <u>factive</u> car il s'agit cette fois d'un sujet "causateur" dominant, qui n'ayant plus besoin de compter avec le suj.2 moins agentif, remplace le "faire faire (par quelqu'un)" par un "faire" plus direct.
- La Phrase de type *-amp-3*: une causative <u>explicative.</u>

Après la description qui sépare les différents types et distingue les détails, il reste à saisir par une évaluation générale l'ensemble des causatives fondées sur l'opérateur *-amp-*. Cette évaluation mettra en oeuvre les mêmes tests que ceux appliqués à *man(a)-* au chapitre précédent.

3. Evaluation.

a1) <u>Le morphème fonctionnel *m-* appartient-il à l'infixe *-amp-* ou au prédicat "causé" ?</u> Tel qu'identifié au paragraphe 1.1.1. ci-avant, le morphème *-amp-* infixant une forme verbale/adjectivale n'admet pour lui-même ni affixe ni quelque élément flexionnel que ce soit. Le *m-* placé devant lui appartient évidemment au radical verbal/adjectival subséquent: *m-aka* > ***m-amp-aka*** = "prendre" > "faire prendre".

a 2) <u>Le temps s'exprime-t-il par l'affixe *-amp-* ou par le prédicat "causé" ?</u> La réponse à cette question découle de la précédente. L'infixe *-amp-* ignorant toute variation temporelle, seul le morphème *m-* reste capable d'exprimer le temps grâce au jeu d'alternance *m-/n-/h(o)-* = "présent/passé/futur".

a3) <u>La passivation implique-t-elle l'infixe *-amp-* ou le prédicat "causé" ?</u> En tant que phénomène morphologique, la passivation concerne exclusivement le radical verbal du prédicat "causé". Un radical tel que *zaka* "gouverner" peut en effet à lui seul, sans l'aide d'aucun affixe qui lui soit préalablement affecté, former un passif *zaka-ina* ou *voa-zaka* "gouverné" (ABINAL-MALZAC, s.v. *Zaka*). Mais à considérer maintenant une forme passive infixée par *-amp-* telle qu'attestée en III.32. par le futur *h-amp-an-jaka-ina*, on voit apparaître la question nouvelle de déterminer l'ordre d'entrée relatif de ces deux morphèmes *-amp-* et *-ina* destinés à constituer ensemble, en résultat final, la forme causative et passivée *h-**amp**-an-jaka-**ina***. Une forme passive préconstituée *zakaina* s'est-elle trouvée secondairement complétée par le *-amp-* causatif ? Ou à l'inverse une forme causative préconstituée *h-amp-an-jaka* s'est-elle ensuite passivée par le moyen du morphème *-ina* ? Pour en décider il faut partir du fait que *-amp-* est un infixe, qui ne peut donc exister qu'inséré entre *m-* et *-an-* dans une séquence *m-amp-an-(jaka)*. Dès lors, il apparaît exclu que *zakaina* se trouve complété par le seul *-amp-*: **amp-jaka-ina*; et la forme de base est nécessairement *amp-an-jaka*: c'est-à-dire que le passif *h-amp-an-jaka-ina*, muni des deux morphèmes conjoints *-an-* et *-amp-*, représente à coup sûr la passivation d'un actif *m-amp-an-jaka* (et non celle d'une forme radicale *zaka*). C'est donc de façon bien justifiée que le locuteur dont CALLET rapporte les propos apparie, en deux formules exactement parallèles, l'actif *mampanjaka* avec le passif *hampanjakaina*:

III.31. … azy	**12**	**lahy**	**nampanjaka**	**azy**
à eux		homme	faire régner	lui
			passé	

= (Une partie du zébu sacrifié par le roi Andrianampoinimerina est donnée) aux douze hommes qui l'ont fait roi" (CALLET: 253).

III.32. … nony	**i**	**Andrianjaka**	**zana'ny**	**zandriny**
…quand	article personnel	N propre	fils de lui	cadet

no	**kasai-ny**	**hampanjakaina**
(connecteur)	résolu par lui	être fait régner
		causatif passif futur

= litt. (Ce que fit le roi Ralambo) "lorsque Andrianjaka son fils cadet fut résolu par lui être fait régner" c.à.d. "quand il résolut de faire régner Andrianjaka son fils cadet" (CALLET: 252).

b) <u>La négation peut-elle affecter la P2 "causée" indépendamment de la P1 "causatrice" ?</u> A considérer la morphologie d'un Verbe comme *m-amp-i-tahotra* = litt. "faire avoir peur", la réponse à cette question est un *non* sans recours, puisqu'à l'évidence la négation *tsy* ne peut s'insérer nulle part à l'intérieur de cette forme ni porter sélectivement sur les deux constituants disjoints *m-* et *-i-tahotra* sans affecter l'infixe intercalé. Toutefois, dans l'activité de parole le Verbe causatif se trouve forcément intégré dans une Phrase, et au niveau de la Phrase complète le locuteur ne manque pas de moyens pour limiter l'effet de la négation au seul constituant "causé": "avoir peur". C'est à quoi sert par exemple l'explication méta-linguistique qui en III.33. commente le Verbe globalement nié *tsy mampitahotra* "ne pas <u>faire peur</u>" par la reprise niée du seul élément "causé" *fitahorana* (Nom verbal "peur" correspondant à **mi- + tahotra, matahotra*): *tsy am-pitahorana* "sans <u>avoir peur</u>" :

III.33 = III.3. Koa am-pitahorana ny fivavahana amy ny Vazimba. Ary ny razana tsy mba mampitahotra ny olona fa havana, koa tsy mba am-pitahorana.

= "Aussi, avec peur se fait la prière aux Vazimba. Et les ancêtres ne font point peur aux gens, car ils sont des parents; aussi n'est-ce point avec peur (qu'on les prie)" (CALLET: 258).

Il est donc bien vrai –ou plus exactement, il se vérifie à partir du niveau de la Phrase- que la négation peut affecter la Phrase "causée". Il reste que produire un énoncé qui restreigne le champ de la négation au seul élément "causé" ne va pas de soi et ne s'obtient jamais que par rectification; et que faute d'une telle rectification explicite, pour les mêmes raisons de cohérence logique notées ci-avant à propos de *man(a)-* (voir au chap.II, § 3.b) les Phrases P1 et P2 sont nécessairement, toutes deux ensemble, soit positives soit négatives: car on ne peut dire sensément, ni "Les Vazimba font peur aux gens mais les gens n'ont pas peur", ni "Les Vazimba ne font pas peur aux gens mais les gens ont peur". Telles sont les limites posées à l'indépendance de la négation dans l'ensemble solidaire qui fait de (P1 + P2) une hyper-Phrase causative.

c) <u>Quelle est la relation du sujet "causé" au sujet "causateur" ?</u> Entre les deux sujets "causateur" et "causé" la relation se présente ici beaucoup plus variable qu'elle n'était dans les causatives abritant un préfixe *man(a)-*. Il est vrai qu'en dispositif *-amp-I* le suj.2 "causé" reste au moins <contrôleur> du prédicat "causé"; et ce suj.2, soit qu'il coopère avec un sujet "causateur" également <+ agentif>, soit qu'il joue son propre jeu en contradiction avec ce dernier, est de toutes façons partie d'un procès d'activité dirigé de la cause à l'effet. Il en va autrement en dispositif *-amp-2*. Cette fois le suj.2 <- contrôleur> devenu siège du procès "causé" ne collabore plus avec le suj.1 en vue du même effet; c'est bien plutôt le suj.1 resté <+ agentif> qui se saisit, à la façon d'une cause ou plus exactement d'une origine, de toute la Phrase "causée" constituée par (suj.2 + prédicat). Mais la véritable rupture se produit quand se met en place le dispositif *-amp-3*. On voit alors le suj.1 <- agentif> se dégrader, plus ou moins suivant les contextes et surtout dans ceux qui favorisent la restructuration de la Phrase causative en construction circonstancielle, jusqu'à s'interpréter comme "circonstance" explicative; et à partir de là, suj.1 et suj.2 ne se rapportent visiblement plus, tous deux ensemble, à une seule et même échelle d'agentivité. Ainsi, à construction maintenue (suj.1 + (*-amp-* + préd.2) + suj.2), le décalage sémantique entre les deux sujets "causateur" et "causé" ne cesse-t-il de croître sur le trajet conduisant du *-amp-1* factitif au *-amp-3* explicatif.

Une nature d'infixe, avec les conséquences impliquées sur son fonctionnement; un jeu de valeurs exprimées assez largement ouvert du causatif strict jusqu'à l'explicatif: tels sont les traits singuliers de *-amp-* par différence avec *man(a)-*. Mais parmi l'ensemble des affixes causatifs il reste encore à situer *maha-*.

IV. LA PHRASE CAUSATIVE A OPERATEUR MAHA-

A son tour, comme le furent *man(a)-* et *-amp-* aux chapitres précédents, l'opérateur *maha-* doit être successivement identifié, puis décrit en ses réalisations diverses, enfin soumis aux tests évaluatifs.

1. L'opérateur *maha-*: identification.

1.1. *Maha-* comme forme signifiante. *Maha-* entretient des relations avec plusieurs formes préfixales qui lui sont diversement comparables, et dont chacune vient ajouter quelque information au dossier de notre préfixe.

1.1.1. *Maha-* vs malais *maka-*. L'identité tant formelle que fonctionnelle entre *maha-* et le malais *maka-* suppose un étymon commun, antérieur en tous cas au VII° siècle p.C. C'est à cette date en effet que les inscriptions malaises livrent des formules comme *maka-sakit/gila* = "rendre (quelqu'un) malade/fou" (KAEHLER 1965: 28). Le *h* intervocalique tel que noté dans l'actuel *ma-h-a-* n'est guère aujourd'hui, en malgache standard, qu'une graphie conservant le souvenir d'un [k] gardé intact par le malais; de malgache *h* à malais [k] la correspondance est constante, ainsi malgache *lahy* = malais *laki* "mâle, homme". Quant à la fonction, *maha-tsara/gaga* = "rendre (quelqu'un) bon/étonné" remplit exactement la même que *maka-sakit/gila* : celle du préd.1 "causateur" dans le schéma canonique de la Phrase causative.

Note. Faut-il voir un emploi non-préfixal du même *maka* :
- Dans le *maka* apparemment verbal = "faire (que…)" illustré par l'exemple:

IV.1.a. Apa	**sebab-nya**	**maka**	**ia**	**lambat**	**datang ?**
quel	cause	faire	il	tard	venir

= litt. "Quelle cause fit lui arriver tard ?" c.à.d. "Quelle cause explique son retard ?" (Exemple de KAEHLER 1965: 183. J'adapte la graphie aux règles orthographiques actuelles du bahasa Indonesia).

- Dans le *maka* connecteur, de valeur sémantique plus proche du consécutif que du causal, qui relie soit le noyau de Phrase à son Syntagme Prépositionnel antéposé, comme "il tomba malade" à "du fait de sa peur" en IV.1.b; soit une Phrase principale à sa subordonnée conjonctive antéposée , comme "son coeur était bien tourmenté" à "parce qu'il avait deux fils" en IV.1.c:

IV.1.b. Daripada	**ketakutan-nya**	**maka**	**ia**	**jatuh**	**sakit**
de	peur	de lui	de ce fait	lui	tomber	malade

= " A cause de sa peur, de ce fait, il tomba malade" (exemple de KAEHLER 1965: 183).

IV.1.c. Karena   putra-nya   dua   orang,   maka   sangat
 parce que   fils de lui   2   personne   de ce fait   très

bingung   -lah   hati-nya
 tourmenté   particule expressive   coeur de lui

= litt. "Parce que ses fils étaient deux, de ce fait son coeur était très tourmenté" c.à.d. "Parce qu'il avait deux fils..." (TOER: 97).

Note. Cette légende javanaise récrite en bahasa Indonesia par Pramoedya Ananta Toer raconte les perplexités d'un roi qui, également attaché à ses deux fils, aurait souhaité donner un trône à chacun d'entre eux.

Le malgache *maha-* ne connaît au contraire aucun emploi hors du préfixal. Seul y pose problème le *ka* de coordination consécutive "et alors, de sorte que..." servant à relier deux Phrases équipollentes:

IV.2. Jambenan' ny   nenina   sy   ny   alahelo   ny   maso-ny
 aveuglé par   le   remords   et   le   chagrin   le   oeil de elle

ka   tsy   hita-ny   mihitsy   ilay   fiara
 et alors   ne..pas   vu par elle   du tout   le   voiture

nirimorimo   teo   anoloa-ny
 surgir   là   en face de elle

= "Ses yeux étaient aveuglés par le remords et le chagrin (qui occupaient alors son esprit), de sorte qu'elle ne vit absolument pas la voiture qui surgissait en face d'elle" (BARIJAONA: 55).

Ce *ka* peut-il rappeler le *maka* du malais indonésien de IV.1.c ? La question se posera dans un cadre plus large, en *Conclusion du § 1.1.*

1.1.2. Maha- vs manka- Le préfixe malgache *manka-* n'est apparemment rien d'autre que l'allomorphe de *maha-*. L'alternance de [aŋka] à [aka] existe parallèlement dans le doublet malais indonésien *mangka-* = *maka-*; avec la même vélaire, *manka-* se trouve en proto-sulawesi (Célèbes. BEAUJARD 1998: s.v. *Maha-*). Cependant deux allomorphes ne se comportent pas nécessairement d'une façon tout à fait identique, ni ne connaissent tout à fait la même distribution. Pour comparer le fonctionnement de *manka-* à celui de *maha-*, et en tirer peut-être quelque information relative à ce dernier, il convient d'observer *manka-* dans les trois dispositifs attestés, selon que ce préfixe se combine avec les catégories morpho-syntaxiques de l'Adjectif, du Verbe ou de l'Adverbe de lieu.

1°) La catégorie <u>Adjectif</u> telle qu'associée à *manka-* comporte à la fois des formes radicales comme *fy* "délicieux, apprécié, aimé" et d'autres déjà préfixées par *ma-* comme *ma-hery* "possédant de la force, fort". *Manka-* s'y préfixe donc soit par ajout (*fy* > *manka-fy*) soit par substitution *(ma-hery* > *manka-hery)* (RAJAONA 1972: 550). En pareil dispositif *manka-* agit comme opérateur d'une construction causative dans des énoncés tels que:

IV.3. Misorona	**ondry**	**tsy**	**volony,**	**ka**
sacrifier	mouton	ne..pas	approprié	alors

manka-loza		**ny**	**aretina**
rendre désastreux		le	maladie

= litt. "Sacrifier un mouton qui ne convient pas (sc. aux exigences rituelles) et ainsi, faire la maladie (être) un désastre" c.à.d. "...et ainsi, ne faire qu'aggraver le mal" (HOULDER: 83. Traduction personnelle).

Manka- fonctionne ici comme *maha-*, dans une correspondance structurelle parfaite:

Suj.1 "causateur"	préd.1 "causateur"	préd.2"causé"	suj.2"causé"
(Izany)	**manka-**	**loza**	**ny aretina**
= "(ceci)	faire	désastreux	la maladie
Ity raharaha ity maha-		**vaky**	**ny atidoha-ko**
ce travail	faire	cassé	la tête de moi

= "Ce travail me casse la tête" (exemple de ABINAL-MALZAC: s.v. *Vaky*).

Il est vrai que dans la classe adjectivale l'effectif des membres préfixables par *manka-* apparaît limité à quelques lexèmes aisément répertoriés et stockés comme tels dans le lexique: état de choses qui évoque un type de formation arrêté plutôt qu'ouvert et productif. Mais la faiblesse quantitative n'enlève rien à l'exactitude de la correspondance syntaxique entre les deux schémas de construction (*manka-* + Adjectif) et (*maha-* + Adjectif).

2°) La classe des <u>Verbes</u> compatibles avec *manka-* se réduit à quelques statifs comme *manka-navy* "donner la fièvre", *manka-tory* "faire dormir", *manka-hay* "faire savoir" en face de *ma-navy* "avoir la fièvre", *ma-tory* "être ensommeillé, dormir", *ma-hay* "savoir". Comme *maha-* et sans différence avec le cas précédent, *manka-* se prête là à tenir la position de préd.1 "causateur" dans le schéma d'une Phrase causative. Seule fait défaut à *manka-* pour tenir parfaitement la comparaison avec *maha-* la capacité de produire, en sus de la construction causative, également la potentielle. Ce qui lui manque à cet effet, ce ne sont pas les conditions syntaxiques requises car elles lui sont accessibles (à savoir, un suj.2 coréférentiel au suj.1: voir en 1.2. ci-après), mais la présence d'un sème <+ agissif> attaché au radical préfixé. De fait *manka-navy* = ? "pouvoir avoir la fièvre" est à l'évidence moins plausible que *maha-teny* "pouvoir parler" ou *maha-vinany* "pouvoir deviner". Le seul défaut de symétrie entre *manka-* et *maha-* est donc une simple affaire de sémantique, et non point de syntaxe.

3°) La catégorie <u>Adverbe de lieu</u> introduit au contraire, entre *manka-* et *maha-*, une rupture proprement structurelle. Certes *maha-eto, maha-any* existent à côté de *mank-eto, mank-any*. Seulement, ces deux dernières expressions ne constituent rien d'autre qu'un Verbe intransitif "aller ici", "aller là-bas" – comme font en règle générale les préfixés par *manka-* de signification locale: *manka-hatra* "passer au-delà, transgresser", *mank-andrefana* "aller vers l'Ouest"... Aucun des Verbes intransitifs ainsi formés ne fournit donc le constituant capable d'occuper la position de sujet "causé" dans une construction causative. Cette incapacité du type (*manka-* + Adverbe de lieu) à fournir une syntaxe causative ressort par exemple de la comparaison entre *maha-tany* en IV.4. et *manka-hatra* en IV.5, qui illustre la différence de structure entre:

- en IV.4. une construction causative: *ny fotoana naha   -tany   an'i Dada*
                                       suj.1   préd.1 préd.2   suj.2

- en IV.5. une simple Phrase intransitive: *Nisy*   *nanka-hatra*
                                           sujet   Verbe intransitif

IV.4. Tamin'	**ny**	**fotoana**	**naha-**	**tany**	**amin'**
durant	le	temps	faire passé	(être) là-bas	dans

ny	**lazare**	**an'**	**i**	**Dada**	**sy**	**Neny**
le	lazaret	marqueur de compl. direct	article personnel	Papa	et	Maman

= litt. "Durant le temps qui avait fait Papa et Maman être au lazaret" c.à.d. "Durant le séjour de Papa et Maman au lazaret" (ANDRAINA 2000: 104).

IV.5. Ary	**nisy**	**nanka-hàtra**	**nihinana**	**izay**	**fady**
et	il y eut passé	transgresser passé	manger passé	ce qui	interdit

= litt. "Et il y eut (qui) commit une transgression en mangeant ce qui est interdit" c.à.d. "Et il y eut quelqu'un pour commettre..." (CALLET: 241. Traduction personnelle).

Le préfixe *manka-* connaît en définitive deux fonctionnements, dont un seul (décrit sous 1° et 2°) produit une construction causative et rejoint de ce fait son allomorphe *maha-*. L'autre, outil formateur de Verbe intransitif "aller (à...)" n'intéresse pas notre recherche. Chacun trouvera néanmoins sa place dans la *Conclusion du § 1.1.*

1.1.3. *Maha-* vs *miha-*. Par tout son comportement le préfixe ingressif *miha-* "progresser dans le procès" diffère de *maha-*; sa forme n'en contient pas moins un enseignement qu'on ne peut négliger.

Toute forme verbale ou adjectivale conserve derrière *miha-* son propre préfixe *mi-/man-/ma-*, de sorte que la co-présence redondante des deux éléments initiaux *m-* (chacun manifestant pour son compte l'aptitude à la fonction prédicative attachée au radical joint) rapproche *miha-* de *miara(ka)* plutôt que de *maha-*:

miha-mihira "continuer à chanter" = *m-* + *m-*

comme *miara-mihira* "s'unir pour chanter, chanter ensemble" = *m-* + *m-*

et non comme *maha-teny* = "pouvoir parler" = *m-* + zéro.

Bien plus, on voit l'infixe *-amp-* s'insérer à son tour entre *miha-* et le Verbe/Adjectif subséquent, comme en *miha-m-amp-i-jaly* "faire souffrir (quelqu'un) de plus en plus" ou *miha-m-amp-a-tahotra* "effrayer (quelqu'un) de plus en plus" (exemples de RAJAONA 1972: 550). Or en pareils cas le pouvoir de sélectionner le sujet pour l'ensemble *(miha-* + *mihira/mijaly/matahotra)* n'appartient pas à *miha-*. Car le Nom retenu pour servir de sujet est celui qui s'avère référentiellement compatible avec le contenu signifié de "chanter" (Nom d'un être animé capable d'expression vocale), "souffrir" (Nom d'un être sensible, siège du procès), "effrayer" (Nom d'une personne, mais aussi d'une chose ou d'un événement) -auquel l'infixe *-amp-* ajoute éventuellement un sème "faire (souffrir...)" : mais non point référentiellement compatible, par choix premier, avec *miha-*. Alors que le préfixe causatif *maha-*, en position de préd.1 dans la construction causative , sélectionne lui-même à ce titre le suj.1 "causateur". Par les propriétés qu'il manifeste ainsi, *miha-* apparaît en fin de compte comme une sorte de co-Verbe, extérieur à l'ensemble verbal qu'il précède sans y intervenir ni pour la syntaxe ni pour l'élaboration du sens -et non comme ce constituant effectif de la Phrase qu'est le préfixe causateur *maha-*.

Quelque chose en *miha-* retient pourtant l'attention: sa forme même. Dans *mi-ha-* comme dans *ma-ha-*, le même élément *-ha-* se trouve associé à l'usuel *mi-* ou *ma-* précédant les formes prédicatives: ce qui incite à analyser *maha-* en deux constituants distincts *ma-* et *-ha-*, puis de là à s'interroger sur l'identité d'un tel signifiant (et signifié ?) *-ha-*. Or le malgache fait grand usage d'un *ha-* directionnel qui indique, par rapport au locuteur pris pour repère

- Si le locuteur porte son regard vers l'avant: la direction ou progression, le mouvement vers... poursuivi jusqu'au terme visé. Ainsi employé comme préfixe devant les parties du corps, dans les expressions formulaires "jusqu'aux pieds/aux genoux…":

IV.6. Ny ha-faladia no afaka, fa ny ha-vava

Ny	ha-faladia	no	afaka,	fa	ny	ha-vava
le	jusqu'à la plante des pieds	emphatiseur de sujet	c'est fait	mais	le	jusqu'à la bouche

no	sisa
	restant

= "Vous avez traversé l'eau qui n'allait que jusqu'aux pieds, il vous reste à traverser celle qui va jusqu'à la bouche" (c.à.d.: Le plus dur reste à faire !) (HOULDER: 1216).

Cf. *Toy ny mita rano ha-tenda* = "Comme de traverser l'eau qui vous va jusqu'au cou" (HOULDER: 1218).

Et complété par l'élargissement *-tra*: *hatr-eto* "jusque là", *hatr-aiza ?* "jusqu'où ?", *hatr-ami(na)…* "jusqu'à…", *mi-hatra* "atteindre" (avec ses formes passives *voa-hatra, a-hatra*). Sans doute est-ce encore ce *ha-* = "jusqu'à…" qui se retrouve dans l'ordinal *fa-ha-roa/fa-ha-telo…* = "deuxième, troisième…" où l'on reconnaît, avec le sens littéral "qui progresse jusqu'à deux/trois…" ce mode de repérage par orientation vers une borne supérieure en usage dans de nombreuses langues (HAGEGE 1982: 93). *Fa-ha-roa/fa-ha-telo* semblerait correspondre en ce cas au *ke-dua/ke-tiga* du malais indonésien.
- Si le locuteur porte son regard vers l'arrière: le trajet depuis l'origine jusqu'à *ego ici maintenant*, comme dans le merina et malgache standard *hatr-izay* "depuis longtemps", *hatry ny maraina* "depuis le matin", *hatr'amin'ny niala-nao teto* "depuis ton départ d'ici" (ABINAL-MALZAC: s.v. *Hatra*); et combiné au *t-* de provenance, dans les formes dialectales *ha-t-aiza ?* "d'où ?", *ha-t-àmy* "depuis", *ha-t-andrèfana, ha-t-avàratra* "de l'Ouest, du Nord" (BEAUJARD 1998: s.v. *2 Ha-*). Le même procédé de repérage rétrospectif pourrait expliquer *halina* = "la nuit dernière" par *ha-alina* = "depuis la nuit (passée)". Cet élément *ha-* perpétue en malgache un étymon proto-malayo-polynésien *ka* = "vers, jusqu'à…; depuis…" –apparemment le même que ce *ka* marqueur de temps passé dès le proto-austronésien (les deux mentionnés ensemble par BEAUJARD 1998: s.v. *2 Ha-*). *Maha-* et *miha-* semblent donc bien trouver dans ce latif "vers" leur commune origine. L'un et l'autre s'analysent en deux morphèmes constituants: (*mi-* ou *ma-*) + *-ha-*.

<u>Remarque.</u> On voit ici la raison pour laquelle nous notons notre préfixe causatif soit *maha-* soit *ma-ha-*, mais non point *m-aha-* (selon le modèle de *m-amp-a-…*

71

au chapitre précédent): c'est qu'il n'existe pas d'infixe *-aha-*, mais un préfixe composé de *ma-* + *-ha-*.

Quant à la relation sémantique de *maha-* à *miha-*, une juste place devra être faite dans la reprise récapitulative suivante à la fois à ce qui les rapproche et les différencie.

Conclusion du § 1.1. En résumé, parmi les préfixes comparables à *maha-*:
- § 1.1.1. Le malais-indonésien *maka-* rappelle utilement l'insertion du malgache *maha-* dans l'ensemble malayo-polynésien, ainsi que l'ancienneté de la fonction causative exercée par ce préfixe: *maka-sakit* = *maha-tsara*.
- § 1.1.2. Le *manka-* malgache, comme son exact correspondant malais, n'est qu'une autre réalisation phonétique de *maha-* = *maka-*. Cet allomorphe ne pose donc pas de question étymologique nouvelle. Il n'assume non plus d'autre fonction que celle de prédicat "causateur" en construction causative -quelques particularités distributionnelles produisant seulement de légères dissymétries par rapport à *maha-* (voir sous 1°) et 2°) ci-avant). Il existe pourtant un *manka-*, illustré par l'exemple IV.5. qui en rupture avec les cas précédents produit un simple Verbe intransitif de mouvement: *mank-eto* "aller ici".
- § 1.1.3. Les deux préfixes malgaches *maha-* causatif et *miha-* ne présentent aucune ressemblance fonctionnelle. Ce dernier, à la vérité co-Verbe plutôt que préfixe, exerce son effet sur l'aspect du prédicat joint (cf. RAJAONA 1972: 257) et non sur sa construction. Comment se fait-il donc que le même morphème *ha-* serve de matériau commun pour l'un et l'autre ? Quelle est en dernière analyse la valeur de ce *ha-* qui semble décidément faire l'unité de l'ensemble préfixal (*maka-*, *maha-* + *manka-*, *miha-*), et se diversifie pourtant en préfixes engagés dans des constructions diverses ? Le lieu géométrique des valeurs attestées semble bien la notion de "mouvement vers... poursuivi jusqu'au terme visé". On peut, de là, se représenter les choses de la façon suivante.

a) Une interprétation concrète de "déplacement dans l'espace" rend compte de *mank-eto*, comme du *mank-hatra* exemplifié par IV.5. Ce *manka-* pourrait bien représenter, plutôt qu'un allomorphe de *maha-* qu'une réinterprétation secondaire aurait ramené vers des valeurs locales, l'héritier en droite ligne d'une formation ancienne; et quant à cette dernière il n'est pas interdit de la supposer (avec prudence !) distincte de celle qui produit le *manka-* causatif allomorphe de *maha-*, c'est-à-dire reposant sur un Syntagme Prépositionnel pré-construit *ka eto* = "vers ici" lui-même recatégorisé en Verbe par un *man-* antéposé.

b) Une interprétation moins concrète du signifié "mouvement vers..." rend compte de *miha-* qui en tant que préfixe ou co-Verbe exprime un mouvement d'avancée à l'intérieur du procès –mouvement continu et naturellement orienté vers sa fin. Saisie de cette façon, la valeur commune de "mouvement" favorise évidemment les nuances aspectuelles.

c) Par une interprétation légèrement différente –et peut-être par l'effet d'un morphème initial *ma-* plus agissif que le statif *mi-*, le préfixé *maha-* décrit le "mouvement parvenu à son terme. En construction potentielle (à définir au § 1.2. ci-après) le sujet-agent "parvient à (faire telle chose)" c'est-à-dire arrive au terme du trajet qui l'a conduit, au long du procès, jusqu'au résultat; en construction causative (à expliciter au § 2. ci-après), l'agent premier applique son effort sur un agent second, afin que celui-ci atteigne la fin proposée. C'est ainsi que dans le signifié d'un "mouvement finalisé" la langue trouve le moyen d'exprimer le trajet de la cause à l'effet.

Et le *ka* de coordination consécutive entre deux Phrases équipollentes (comme dans l'exemple IV.2) ? Les énoncés malais-indonésiens cités sous IV.1. nous persuaderont-ils de le rattacher au *ha-* de "mouvement vers..." dont on vient de voir la possible utilisation causale ? Certes une conjonction *ka* semble bien avoir existé dès le proto-austronésien, capable de lier deux Phrases successives dont la seconde par son contenu référentiel résulte de la première comme l'effet de la cause (BEAUJARD 1998: s.v. *1.Ka)*. Cependant ce *ka* ne devait-il pas donner *ha* en malgache, comme dans *ha-vava* "jusqu'à la bouche" ? On observe d'autre part dans la pratique actuelle des locuteurs malgachophones de nombreuses confusions entre *ka* et *koa* "aussi" (y compris au sens consécutif "c'est pourquoi, cela entraîne pour conséquence que..."). En fin de compte l'explication de *ka* en son usage actuel est sans doute multifactoriel. Sachons donc nous contenter, avec *ha-* et *maka*, de ce qui n'est sûrement qu'une pièce dans un dossier en attente de complétude.

De toutes façons c'est *maha-* qui nous importe; et de *maha-*, son fonctionnement dans la syntaxe. Tout ce § 1.1. et surtout sa <u>Conclusion</u> ne visaient qu'à replacer *maha-* dans l'ensemble des préfixes qui lui sont par quelque bout apparentés afin de le situer dans son champ sémantique.

1.2. *Maha-* comme opérateur syntaxique: *maha-* causatif vs *maha-* potentiel.
La tâche d'identifier *maha-* comme opérateur de construction causative comporte deux parties. La première maintenant achevée consistait à reconnaître précisément la forme *maha-*, et la valeur qui s'y trouve régulièrement associée (ce que nous avons nommé sa *forme signifiante)*; on a dû à cet effet situer *maha-* dans un ensemble de préfixes dont chaque membre lui était partiellement comparable. La seconde partie, qui s'ouvre devant nous, se donne pour objet l'analyse interne de *maha-*. De fait, deux emplois -potentiel et causatif- trouvent en ce préfixe leur expression commune. Mais ce sont en réalité de faux jumeaux; et il s'agit de montrer ici une fois pour toutes en quoi le fonctionnement du potentiel diffère du causatif, afin de libérer pour la suite notre *maha-* causatif de toute attache injustifiée.

73

Ce que l'on peut appeler, suivant une antique tradition de la grammaire malgache, le *potentiel* (WEBBER 1855: 52; DEZ 1980 I: 51; RAJAONARIMANANA 1995: s.v. *Maha*) ou avec C.RANDRIAMASIMANANA, *abilitatif* (1988: 219) ne doit pas être saisi en soi, indépendamment du causatif. C'est ainsi qu'une suggestion sémantiquement aussi riche que fut celle de J.WEBBER ne se trouve pas au droit fil de notre question, faute de montrer comment le *maha-* causatif se raccorde au *maha-* potentiel. J.WEBBER voyait en effet en *maha-* une forme tronquée de *mahay* "savoir, pouvoir" (1853: s.v. *Maha-*). Cette étymologie reprise par ABINAL-MALZAC (s.v. *Maha-*) est mentionnée sans commentaire par J.DEZ (1980 I: 58); R.RAJEMISA-RAOLISON en fait un usage implicite en paraphrasant par *mahay* quelques Verbes à préfixe *maha-*, ainsi *maha-tsitsy* par *mahay mitsitsy* "savoir économiser" (1985: s.v. *Maha-*). Sans doute l'expression se faisait-elle entendre autour de WEBBER dans la bouche des locuteurs malgachophones et son usage n'est pas sans intérêt pour qui réfléchit sur les interprétations sémantiques ouvertes par *maha-*. Cependant une forme aussi bien insérée que *maha-* dans un ensemble qui déborde Madagascar et remonte à un passé commun ne saurait passer pour la réduction secondaire du Verbe malgache *mahay*. Mais surtout, l'étymologie par *mahay* échoue à rendre compte du *maha-* causatif (la Phrase citée par WEBBER 1853: *Ino no maha-mpanjaka azy ?* = litt. "Qui l'a fait être roi ?" excluant à l'évidence la paraphrase **Ino no mahay mpanjaka azy ?*) et impose ainsi des explications séparées pour les deux *maha-* potentiel et causatif. Or toute la question est au contraire de confronter l'un à l'autre pour décider si, et en quoi, le *maha-* causatif est un autre préfixe que le potentiel.

Dans un article bien charpenté, V.Phillips fonde la différence entre les deux *maha-*, potentiel et causatif, sur la qualité plus ou moins *eventive* du radical associé à ce préfixe; et sur la qualité , corrélativement plus ou moins *agentive*, du sujet qui correspond à chacun d'entre eux. Dans ses deux exemples reproduits en IV.7. et IV.8. *maha-ongotra* et *maha-finaritra (an' i Soa)* illustrent ce décalage significatif entre les deux éléments préfixés (PHILLIPS 2000: 85):

IV.7. Maha-   **ongotra**   **ny**   **ravina**   **Rabe**
pouvoir   arracher   le   feuille   N propre

="Rabe réussit à arracher les feuilles"

IV.8. Maha-	**finaritra**	**an'**	**i**	**Soa**	**Rakoto**
faire	content	marqueur compl.direct	article personnel	N propre	N propre

= litt. "Rakoto fait Soa être contente" c.à.d. "Rakoto contente Soa, lui fait plaisir" .

Il n'est pas douteux que le constituant préfixé par *maha-* n'exprime pas les mêmes valeurs dans l'un et l'autre énoncé. On peut toutefois décrire la situation en termes plus distributionnels en notant que le constituant préfixé ne supporte pas les mêmes contraintes sélectionnelles selon qu'il s'agit du préfixe potentiel ou factitif. Le *maha-* potentiel -par convenance sémantique apparemment, puisque le "pouvoir" est toujours capacité de <u>faire</u> (quelque chose)- ne préfixe jamais que des radicaux verbaux; le *maha-* causatif au contraire admet en place post-suffixale des catégories morpho-syntaxiques aussi diverses que Nom, Adjectif, Syntagme Prépositionnel ou Adverbe de lieu (énumérés au § 2. ci-après). On l'aura en outre remarqué à propos de *maha-ongotra*, le potentiel *maha-* s'antépose au radical verbal nu c'est-à-dire dépourvu de l'élément *mi-/man-* qui signale habituellement sa fonction prédicative et l'enrichit du même coup d'une marque temporelle. La langue dit en effet *maha-teny* "pouvoir parler", non *maha-mi-teny; maha-didy* "pouvoir décider", non *maha-man-didy*. Et pourquoi, sinon parce que *maha-* suffit à fournir ces indications pour l'ensemble de la forme complexe ? Tandis qu'à l'inverse le *maha-* causatif dans les (rares) cas où il préfixe un constituant verbal coexiste avec *mi-/man-:* voir *ny maha-manjaka azy* de l'exemple IV.15. ci-après. Or qu'indique cette situation, sinon que le potentiel *maha-teny* "pouvoir parler" constitue un Verbe unique, fonctionnant comme prédicat unique dans sa Phrase -muni, de ce fait, d'un sujet unique: alors que le causatif *maha-manjaka* produit sous une présentation serrée deux formes verbales complètes, fonctionnant respectivement comme autant de prédicats dans les deux Phrases "causative" et "causée", dont chacune requiert son propre sujet. Les exemples IV.9. et IV.10. constituent ainsi, le premier une Phrase unique, le second deux Phrases hiérarchisées en une construction unifiante:

IV.9. Tsy	**naha-teny,**	**tsy**	**naha-volana**
ne..pas	pouvoir-parler	ne..pas	pouvoir-souffler mot
	Verbe, passé		Verbe, passé

i	**Sahondra**
article personnel	N propre

= "Sahondra ne pouvait parler, ne pouvait souffler mot" (RATSIFANDRIHAMANANA 1992, I: 33).

IV.10. Ny	**varatra**	**hamono**	**tsy**	**maha-**	**tahotra**	**azy**
le	foudre	tuer	ne..pas	faire	effrayé	lui
	suj.1	futur		préd.1	préd.2	suj.2

= litt. "La foudre qui peut tuer ne le fait pas être effrayé" c.à.d. "ne lui fait pas peur" (HOULDER: 929. Traduction personnelle).

Deux *maha-* construits sur un morphème commun *-ha-* se trouvent ainsi engagés dans deux constructions irréductibles. Si l'on tient le fonctionnement syntaxique pour le critère qui fait la différence entre *le même* et *l'autre*, alors *maha-* potentiel est un autre préfixe que le causatif. Nous l'abandonnons donc à ce point de notre route pour ne plus nous attacher désormais qu'à la construction causative, objet de notre recherche.

2. Les réalisations. Sur ce *maha-*, en qui nous ne voulons plus voir désormais une forme préfixale mais un constituant syntaxique, repose un vaste ensemble de Phrases causatives. Plusieurs sous-ensembles s'y laissent reconnaître – distingués, comme au chapitre précédent, par la qualité sémantique du sujet "causateur". Le choix de ce critère se justifie de toutes façons par le fait qu'en toute Phrase complexe le sujet du prédicat dominant sert de repère pour l'ensemble (LANGACKER II, 1991: 409 sq); et qu'en énoncé causatif surtout, l'agent premier contrôle la chaîne entière des procès "causés". Le suj.2 en revanche ne revêt pas ici la même utilité discriminante qu'il présentait pour classer les énoncés organisés par l'infixe *-amp-*. Car l'agent secondaire ne joue pas auprès de *maha-* le même rôle de relais que faisait celui de *-amp-* ni n'entretient avec l'agent premier la même relation dialogale. Il suffira d'étager à l'aide de leurs seuls suj.1, sur les degrés d'une échelle décroissante d'agentivité, trois groupes d'énoncés sous les étiquettes *maha-1, maha-2, maha-3*: une mise en ordre d'où naîtra la surprise de découvrir que *maha-3* n'est pas de tous le moins agentif mais plutôt, un *maha-* autrement agentif que ne sont les deux autres.

2.1. *Maha-1*: suj.1 <+ animé, + agentif>. Les plus typiquement agentifs sont évidemment les êtres animés et parmi ceux-ci, ces agents capables d'un vouloir-faire explicite que sont les humains. Tels sont ceux que désignent par exemple, en IV.11, *hianareo* et en IV.12, *kibobo*:

IV.11. Iza	**no**	**mah-**	**andriana**	**ahy**	**sy**	**anjaka-**
qui	emphatiseur d'interrogatif	faire	roi	moi	et	régner circonstanciel

ko ?	**Tsy**	**hianareo ?**
par moi	ne..pas	vous

= litt. "Qui me fait roi, et par le fait de qui est-ce que je règne ? N'est-ce pas vous ?" (CALLET: 769. Traduction personnelle).

Note. *Hianareo* réfère aux *ambanilanitra* mentionnés dans le co-texte antérieur = litt. "ceux qui sont sous le ciel", c'est-à-dire le peuple réuni en assemblée autour de son roi Andrianampoinimerina (vers 1800). La forme circonstancielle sera commentée ci-après, juste avant l'exemple IV.24.

IV.12. Misy   kibobo   roa   manan-jara...
     il y a   cailles   2   avoir possession

Ka   maha-   manina   ahy
Et   faire   qui a des regrets   moi

= "Il y a deux cailles fortunées... Elles me donnent des regrets d'amour" (PAULHAN, IV.3: 98).

Note. Le terme de *cailles*, dans le langage codé de cette poésie d'amour, désigne les jeunes filles.

Cependant la forte agentivité du suj.1 ne suffit pas à assurer que la langue produise en fait, à partir de ce "causateur" à première vue privilégié, des Phrases causatives. La probabilité d'un tel résultat dépend encore du préd.2 "causé" - c'est-à-dire de la question de savoir par quelle catégorie morpho-syntaxique ce dernier se trouve réalisé. Il nous faut donc envisager les différents cas de figure:

Préd.1 "causateur"   + préd.2 "causé"   par exemple
à suj.1 <+ animé, + agentif>
a) *maha-1*   + Nom   *maha-andriana*
b) *maha-1*   + Adjectif   *maha-finaritra*
c) *maha-1*   + Verbe   *maha-manjaka*

a) *Maha-andriana*. Le schéma (*maha-1* + prédicat "causé" nominal) a déjà trouvé son illustration dans le *mah(a)-andriana* de IV.11. Ajoutons pour autre exemple *maha-vary ny heniheny* = litt. "faire le marais être/devenir du riz":

IV.13. Dia   nilatsaka   teny   Ambohinierana izy   hihevitra   izay
     alors   descendre   là-bas   N propre   il   réfléchir   comment
            passé   futur

haha-vary   ny   heniheny
faire   riz   le   marais
futur

= "Alors il (le roi Andrianjaka) descendit là-bas à Ambohinierana pour chercher le moyen de faire produire du riz au marais" (CALLET: 238).

b) *Maha-finaritra*. Le schéma (*maha-1* + prédicat "causé" adjectival) se voit, lui aussi, déjà réalisé dans le *maha-finaritra an' i Soa* = litt. "faire Soa être contente" de IV.8. La liaison (*maha-* + Adjectif) donne lieu à plusieurs remarques.

Remarque 1. *Maha-* précède des Adjectifs simples tels que *finaritra* "content", *be* "grand", *tsara* "bon"...; mais aussi des dérivés par le préfixe *ma-*, qui sur la base d'un radical nominal produisent des Adjectifs d'état munis du sens "qui possède (telle qualité/propriété/façon d'être)", "qui est affecté par...". Ainsi (*ma-* + *henatra* "honte") > *menatra* "qui éprouve de la honte". Or la séquence (*maha-* + *ma-*) se montre sensible au co-texte phonétique postérieur; il suit de là une dissymétrie, dont il faut noter le mécanisme et les conséquences. Devant un Adjectif à initiale vocalique, tout se passe comme prévisible, c'est-à-dire que *ma-* s'élide en *m-* et les formes résultantes:

Menatra "qui éprouve de la honte", de *m(a)* + *(h)enatra* "honte"

Masina "qui possède un caractère sacré", de *m(a-)* + *(h)asina* "sacralité",
à leur tour préfixées par *maha-*, donnent le causatif attendu:

Maha-menatra = "rendre (quelqu'un) honteux, inspirer de la honte"

Maha-masina = "rendre (quelqu'un/quelque chose) sacré, saint", "sacraliser, sanctifier".

Devant initiale consonantique, en revanche, la séquence causative

Maha- + *matahotra* = "faire (quelqu'un) éprouver de la peur", sur *matahotra* "éprouver de la peur"

Maha- + *mazava* = "faire (quelque chose) être lumineux", sur *ma-zava* "lumineux"

se simplifie par haplologie en *maha-tahotra, maha-zava* (RAJAONA 1972: 206). Il en résulte une opposition secondaire, elle-même productive de deux séries lexicales, entre un *ma(-tahotra)* d'état et un *maha- (tahotra)* causatif:

	"qui éprouve/manifeste..."	"produire, provoquer..."
de la peur:	*ma-tahotra*	*maha-tahotra*
de la lumière:	*ma-zava*	*maha-zava*
une blessure:	*ma-ratra*	*maha-ratra*
une maladie:	*ma-rary*	*maha-rary*

Donc malgré l'apparence le type *maha-tahotra* ne donne pas à voir en *maha-* le préfixe d'un Nom, mais bien toujours celui d'un Adjectif.

Remarque 2. Comme maintes autres langues le malgache connaît l'usage de l'Adjectif attributif -cette construction qui repose sur une Phrase attributive comme

Very ny   vady
= "Réduites en esclavage (sont) les femmes";

et s'utilise comme un Adjectif simple en toute position syntaxique où celui-ci peut figurer, c'est-à-dire pour constituer:
-   soit une Phrase complète comme
-

(Very	**vady)**	**ny**	**ambanilanitra**
esclave	femme	le	sujet (du roi)
p r é d i c a t			sujet

= litt. "Les sujets du roi sont (dont les femmes sont réduites en esclavage)"

- soit un groupe épithétique comme

(Very vady)	**olona**
épithète antéposée	Nom, centre de Syntagme Nominal

=litt. "Des gens dont les femmes sont réduites en esclavage".

Or *maha-* préposé à cet Adjectif attributif forme bel et bien une construction causative, ainsi dans cette formule du *Tantara ny Andriana*:

IV.14. Tsy	**naha-**	**very**	**vady**	**aman-janaka**
ne..pas	faire	esclave	épouse	avec-enfant
	passé			

ny	**andriana**
le	roi

= litt. "Le roi ne faisait pas (sc. ses sujets) devenir *very vady...* " c.à.d. "Le roi ne contraignait pas (ses sujets) à voir les femmes et enfants réduits en esclavage" (CALLET: 774. Traduction personnelle).

Remarque 3. Il arrive que la séquence (*maha-* + Adjectif) échappe au schéma de la Phrase causative (suj. "causateur" + préd. "causateur" + prédicat "causé" + sujet "causé"). Cette sortie de la syntaxe causative s'opère de deux façons: soit par lexicalisation des deux prédicats joints (*maha-* + Adjectif), soit par redéfinition fonctionnelle de *maha-*.

Le processus presque inévitable de lexicalisation suit en toutes langues à peu près les mêmes étapes (état de la recherche et bibliographie dans KRIEGEL 2003: 41 sq). Vient d'abord cette coalescence qui de deux constituants *maha-* et *gaga/be/tsara...* "étonné/grand/bon" -membres pourtant de deux Phrases distinctes P1 et P2- forme un lexème unique *mahagaga, mahabe, mahatsara;* lexème qui à son tour se désémantise lorsque les usagers de la langue cessent d'identifier séparément les deux termes constituants "faire" et "étonné" au profit d'une interprétation globale "étonnant, surprenant". D'où résulte enfin la rupture syntaxique quand le sujet "causé" perd, avec sa position dans le schéma de Phrase causative, sa qualité de constituant nécessaire et se trouve dès lors usuellement omis: *angano mahagaga* = "une histoire étonnante" (pourquoi ajouter *mahagaga ny olona* = "qui étonne les gens" ?).

D'une autre façon, *maha-* renonce également à sa fonction de prédicat "causateur" là où, préfixant un Adjectif doté d'une valeur intrinsèquement passive tel que *azo* "pris, reçu, admis", il n'est rien d'autre qu'un procédé dont use la langue pour créer l'actif correspondant, comme:

En face de *azo* "pris": *mah(a)-azo* "prendre"

En face de *very* "perdu": *maha-very (andro)* "perdre (sa journée)"

En face de *simba* "endommagé": *maha-simba* "endommager";

ainsi qu'un procédé pour créer sur la même base un circonstanciel, comme *ah(a)-azo-ana > ahazoana*. *Maha-* rend ici dans la langue le même service que *-amp-*, comme on s'en est suffisamment expliqué en III.1.2.a. Et comme *-amp-* en pareil cas, *maha-* ne doit pas être compté là comme opérateur causatif.

Ainsi diversement réalisées, les occurrences de (*maha-* + Adjectif) s'avèrent dans les textes infiniment plus nombreuses que celles de (*maha-* + Nom). Cet état de choses tient apparemment à la différence qui sépare, en sémantique référentielle, les deux catégories nominale et adjectivale. Etant reconnu que l'une désigne typiquement des êtres ou substances, l'autre des qualités ou états, on ne s'étonne pas que dans le monde tel qu'il se donne à raconter le locuteur trouve à dire "Je fais Soa être <u>contente</u>" ou "Cela fait la maison être <u>belle</u>" plus souvent que "Ceux qui ont fait Andrianampoinimerina être <u>roi</u>". De sorte que la dissymétrie quantitative entre Noms et Adjectifs "causés" n'incombe nullement à la responsabilité de *maha-*. Or il en va tout autrement si l'on vient à considérer la séquence (*maha-* + Verbe).

c) *Maha-manjaka*. Quant au dispositif *maha-* + Verbe), il se singularise à la fois par son extrême rareté et par la qualité sémantique du lexème verbal en position de prédicat "causé". Les quatre énoncés suivants en donnent une idée.

IV.15.

Fa	**nony**	**lasa**	**ireo,**	**naseho-ny**	**indray**
mais	quand	s'en aller	ils	montré par eux passé	de nouveau

ny	**maha-**	**manjaka**	**irery**	**azy**
ce qui	faire	commander	seul	eux

= (Les Français semblent avoir adopté un profil bas quand les Britanniques débarquèrent à Madagascar en mai 1942) "Mais quand ces derniers s'en allèrent, ils montrèrent de nouveau ce qui les faisait être les seuls maîtres" (ANDRAINA 2000: 155).

IV.16.

Ny	**lalàm-pitondrantena...**	**naha-nanam-panahy**	**azy**
le	règle de conduite	faire posséder le *fanahy* passé	eux

= "La règle de conduite qui faisait qu'ils (= nos ancêtres) possédaient le *fanahy*" (RAHAJARIZAFY 1970: 100).

<u>Note.</u> Le *fanahy*, terme difficile à traduire par un seul mot français, désigne les valeurs spirituelles telles que définies et recommandées par la tradition malgache.

IV.17. Fanta-ny   **ny**   **maha-**   **mety**   **ny**   **fodiana**

su par lui   ce qui fait   être possible   le   retour

= litt. "Est su par lui (= le médecin) ce qui rend le retour (du malade) possible" c.à.d. "Le médecin sait ce qui rend possible le retour du malade chez lui" (RATSIFANDRIHAMANANA 1992, II: 114).

IV.18. Ny   **maha-**   **misy**   **fetra ny**   **soa**   **sy**   **ny**   **ratsy**

le   faire   comporter   limite le   bien   et   le   mal

= litt. "Ce qui fait le bien et le mal comporter des limites" c.à.d. "Ce qui pose leurs limites au bien et au mal, ce qui constitue les limites..." (RAHAJARIZAFY 1970: 48).

En IV.15, *-manjaka,* Verbe assurément par sa morphologie, désigne toutefois un état plutôt qu'une activité: "avoir le statut de maître, se trouver en position socialement dominante"; de même en IV.16, *manam-panahy* = "avoir en soi le *fanahy*, être habité par..."; en IV.17. *-mety* "être possible (en telle situation), convenir, être approprié "; en IV.18. *-misy* "comporter". Tandis qu'à chacun de ces prédicats correspond naturellement un suj.2 siège du procès plutôt qu'agent résolument actif. Tout se passe donc en fin de compte comme si *maha-* coexistait moins facilement avec un préd.2 verbal typique qu'il ne fait avec un préd.2 nominal ou surtout adjectival; et parmi les prédicats verbaux, ne tolérait guère que les moins agissifs. Il suit de là deux conclusions importantes:
- L'état de fait décrit en a), b) et surtout c) ci-avant montre bien la répartition des rôles qui s'observe dans la langue entre les deux opérateurs *-amp-* et *maha-*. L'expression du "faire <u>agir</u> (le sujet "causé")" revient plutôt à *-amp-: m-amp-andeha* "faire marcher", *m-amp-anao* "faire faire"... (non *maha-* + *mandeha*, *maha-* + *manao* dans la même interprétation agissive); celle du "faire <u>progresser</u> (le sujet "causé") <u>vers tel état ou situation</u>", plutôt à *maha-*. Le domaine de compétence ainsi dévolu à *maha-* ne surprendra pas si l'on garde en mémoire sa signification littérale de "mouvement vers... poussé jusqu'au terme visé".
- Une fois bien notée cette distinction, et pour en expliciter la conséquence: *maha-* opère typiquement sur des P2 équatives comme *Andriana izy* = "Il est (le) roi" ou attributives comme *Finaritra izy* = "Elle est contente"; plutôt que sur des P2 organisées autour d'un Verbe -moins que tout autre, autour d'un Verbe de valeur agissive.

Avec les Noms, Adjectifs et Verbes se trouve épuisée pour cet ensemble 2.1. la liste des catégories morpho-syntaxiques aptes à figurer en position de prédicat "causé". D'autres catégories s'y ajouteront aux paragraphes ultérieurs (Adverbe de lieu en IV.21, Pronom personnel en IV.32): celles qui trouvent leur place dans les constructions elles-mêmes compatibles avec un suj.1 <- animé>. On prendra d'abord le cas où ce suj.1, pour être <- animé>, n'en reste pas moins <+ agentif>.

2.2. *Maha-2*: suj.1 <- animé, + agentif>. Quel "causateur" <- animé> sera déclaré capable de produire le résultat dénoté par le prédicat "causé" ? Ce "causateur" devra avoir pour référent: soit le Nom d'un objet matériel ou d'une substance -dans une expression comme *zava-pisotro maha-mamo (anao)* = "une boisson qui vous rend ivre"; soit une activité, comme *fivoahana* en IV.19; soit une situation, un état de choses avéré comme *zavatra ara-boajanahary* = "une chose naturelle" (comme l'attachement de la mère à l'enfant) en IV.20; soit une circonstance de temps ou lieu comme *fotoana* en IV.21. ou *helodrano* en IV.22:

IV.19. Nino i		**Sahondra**	**fa**	**maha-tsara**		**an'**
croire	article	N propre	que	faire-bien		marqueur de
passé	personnel					compl. direct

i	**Bakoly**	**izao**	**fivoahana**	**kely**	**ny**	**tanàna**	**izao**
	N propre	ce	sortie	petit	le	ville	ce

= "Sahondra croyait que cette petite sortie hors de la ville faisait du bien à Bakoly" (RATSIFANDRIHAMANANA 1992, II: 126).

IV.20. ... Zavatra	**ara-boajanahary**	**izany**	**ka**	**tsy**
chose	selon-nature	ceci	et	ne..pas

maha-	**menatra**	**velively**
faire	honteux	du tout

= (Tu regrettes ton enfant,) "C'est une chose conforme à la nature, et qui n'entraîne aucune honte" (RATSIFANDRIHAMANANA 1992, I: 52).

IV.21= IV.4. Tamin'	**ny**	**fotoana**	**naha-tany**	**amin'**
	durant	le	temps	faire-là bas	à
				passé	

ny	**lazare**	**an'**	**i**	**Dada**	**sy**	**Neny**
le	lazaret	marqueur	article personnel	Papa	et	Maman
		de compl.direct				

= litt. "Durant le temps qui avait fait Papa et Maman être au lazaret" c.à.d. "Durant le séjour de Papa… au lazaret" (ANDRAINA 2000: 104).

IV.22. … ny	**anaran'**	**ny**	**helodrano**	**naha-vaky**	**ilay**
le	nom	le	baie	faire briser passé	le

sambo
navire

= litt. "Le nom de la baie qui fit que le navire se brisa" (RANDRIAMAMONJY: 44).

Hésitera-t-on à voir dans *fotoana* la cause du séjour au lazaret, ou dans *helodrano* la cause du naufrage ? Il est vrai que de IV.19. à IV.22. s'observe une décroissance de l'effet causateur, c'est-à-dire que d'un degré à l'autre de cette échelle le suj.1 en perte progressive d'agentivité semble de moins en moins responsable de la situation "causée". *Ny fotoana* cesse-t-il pour autant de désigner la cause suffisante de l'état de choses *tany amin'ny lazare i Dada sy Neny* ? Risquons-nous à répondre *non* car, n'était ce "temps-là" -ce qui n'est pas dire seulement: cet espace entre deux dates du calendrier mais: cette conjoncture qualitativement marquée par une dangereuse épidémie…- Papa et Maman n'auraient pas été placés au lazaret; de même pour *helodrano*, n'était cette baie -ce qui n'est pas dire: ce point sur une carte, mais: ce dangereux renfoncement de la côte- le navire n'aurait pas coulé. De ce fait, et de si près que *ny fotoana* et *ny helodrano* touchent aux suj.1 <- agentifs> à décrire sous 2.3, l'un et l'autre terme n'en désignent pas moins chacun une réalité qui existe indépendamment de la situation "causée" et suffisent à provoquer celle-ci.

La propriété la plus singulière de ce type de causatives à suj.1 <- animé, + agentif> est sans doute sa "sympathie" pour la construction circonstancielle. C'est une chose bien connue que la relation privilégiée unissant en malgache *maha-* au circonstanciel. S.Rajaona admet deux *voix circonstancielles* coexistant dans la langue et distinguées seulement par l'aspect: d'une part le *circonstanciel de gaga,* soit *maha-gaga* = "être la circonstance où l'on est étonné", d'autre part le *circonstanciel de mi-gaga,* soit *i-gag(a)-ana* = "être la circonstance où l'on s'étonne" (RAJAONA 1972: 254). Dans la même perspective J.Dez cherche à déterminer dans quelles conditions *le dérivé en maha- peut être mis à la forme circonstancielle* (DEZ 1980 I: 59). Enfin pour S.Andriamanantsilavo et W.Ratrema la Phrase complexifiée par *maha-* réalise par rapport à la simple correspondante une transformation dont l'avantage est de porter (exactement comme le fait la construction circonstancielle) le circonstant en position de sujet:

Ao	**izy**	**izao**	**> Izao**	**no**	**maha-**	**ao**	**azy**
là	il	maintenant	>maintenant	emphatiseur	fait	là	lui

= "Il est là maintenant" > litt. "Maintenant le fait être là".

(ANDRIAMANANTSILAVO et RATREMA I: 129). A ce point cependant, on n'évitera pas de faire des choix. Car si l'on veut rester fidèle à la décision de principe de reconnaître autant de structures de Phrases qu'il existe de schémas syntaxiques qui leur correspondent distinctivement; et puisqu'à l'évidence le schéma de la Phrase circonstancielle ne coïncide pas avec celui de la Phrase causative:

Phrase circonstancielle:
   "circonstant"-sujet + prédicat circumfixé *i-/an-…-ana* + agent suffixé
Phrase causative:
   Sujet "causateur" + prédicat "causateur"+ prédicat "causé" + sujet "causé",
alors on ne peut se résoudre à ranger *maha-* sous l'étiquette <u>circonstanciel</u>. Et les énoncés si justement produits par Dez et Andriamanantsilavo-Ratrema permettent seulement de dire qu'un même contenu signifié s'encode d'équivalente façon par l'une ou l'autre construction. Cette équivalence sémantique ne fait pas de doute. Les locuteurs malgachophones en témoignent lorsqu'interrogés sur ce proverbe en sa double forme merina et tanosy ils déclarent y voir deux formulations du *même* adage, qui *disent exactement la même chose*:

IV.23.a.

Maro	ka	tsy	maha-	lava	amalona
nombreux	alors	ne..pas	faire	long	anguille

= litt. "(On est) nombreux, alors cela fait l'anguille n'être pas longue" c.à.d. Cela réduit la part de nourriture de chacun (RICKENBACHER I: 3.126 a).

IV.23.b.

Tsy	ilavan'	amalo	ny	maro
ne..pas	être long	anguille	le	nombreux
	circonstanciel	agent suffixé		"circonstant" sujet
				du circonstanciel

= litt. "Les (gens) nombreux sont ce à cause de quoi l'anguille n'est pas longue" (proverbe tanosy, communiqué par N.J.Gueunier).

De cette équivalence les usagers de la langue savent jouer aussi, comme en ces figures de variation dont le *Tantara ny Andriana* embellit volontiers les discours royaux, qui consistent à coordonner *maha-* avec un circonstanciel pour exprimer les deux aspects complémentaires d'un même événement -comme on a vu *Iza no* **maha**-*andriana ahy sy anjaka-ko* en IV.11. et comme IV.24. en offre une variante:

IV.24. Ireo   **nanjaka'**   **ko,**   **ireo**   **nenti'ko**

ceux-ci	régner	moi	ceux-ci	utilisé-par moi
"circonstant"	circonstanciel	agent suffixé		passif, passé
= sujet				

namory   **sy**   **nanangona**   **any**   **Merina,**

réunir	et	rassembler	marqueur de compl. direct	Imerina
			=an'Imerina	

izao   **naha-**   **masina**   **ahy**

ceci	faire	saint	moi

= "litt. "Eux (= les *sampy* c.à.d. les fétiches royaux) sont ceux grâce à qui j'ai régné, ils ont été utilisés par moi pour réunir et rassembler l'Imerina, c'est ce qui a fait ma sacralité" c.à.d. "C'est grâce à eux que j'ai régné, par leur moyen j'ai réalisé l'unité de l'Imerina , c'est ce qui a fait ma sacralité" (CALLET: 254. Traduction personnelle).

La correspondance de *maha-* au circonstanciel, il est vrai, n'est pas sémantiquement parfaite; elle ne concerne pas non plus toutes les causatives à opérateur *maha-*, quel que soit leur suj.1. Sur le premier point, le circonstanciel diffère de *maha-*, d'abord par ceci que les propriétés sémantiques normalement attachées au sujet grammatical -que *maha-* tient fortement groupées sur son sujet "causateur"- se répartissent autour du circonstanciel entre son "circonstant"-sujet et son "agent" suffixé (entre *ireo* et *ko* au début de IV.24). Il en diffère ensuite par le fait que *maha-* contient en lui-même sa valeur causale tandis qu'à l'inverse la forme circonstancielle ne comporte aucun sens intrinsèque (autre que celui de son radical lexématique) ni aucun indice capable d'indiquer au destinataire du message si le "circonstant"-sujet doit s'interpréter comme "cause déterminante", "origine locale", "circonstance concomitante", voire "cause finale" du procès. L'inégal degré d'information que reçoit le décodeur en chacun des deux cas se trouve bien illustré par IV.25, où à l'univoque *Ny varatra maha-tahotra* au sujet clairement agentif succède un "circonstant"-sujet en quête d'interprétation (la lanterne: "objet", "condition suffisante" ou "cause" de la peur ?):

IV.25. Aza   **manao**   **toy**   **ny**   **sokina:**   **ny**   **varatra**

ne..pas	faire	comme	le	hérisson	le	foudre
interdiction						

hamono   **tsy**   **maha-**   **tahotra**   **azy,**   **fa**   **ny**

tuer	ne..pas	faire	effrayé	lui	mais	le
futur						

fanala	indray	no	aha-tahora-	ny
lanterne	en revanche	(emphatiseur	avoir peur	lui
"circonstant"		de sujet)	circonstanciel	agent suffixé
- sujet				

= "Ne fais pas comme le hérisson: la foudre qui peut tuer ne lui fait pas peur, mais c'est de la lanterne qu'il a peur" (HOULDER: 929. Traduction personnelle).

De sorte que ce n'est pas représenter la cause de la même façon que de dire avec le *maha-* de IV.26. "Cela a fait naître le proverbe qui dit…" ou avec le circonstanciel de IV.27. "Ce sont là les circonstances dans lesquelles est apparue la formule…":

IV.26. Dia	izany no	naha-tonga	ny	ohabolana	hoe
et, alors	ceci emphatiseur	faire venir	le	proverbe	(dire)
	de sujet	passé		

= litt. "Et cela a fait venir le proverbe qui dit…" (CALLET: 57. Traduction personnelle).

IV.27. K'	izany	no	nisehoana	ny	hoe…
et	ceci	emphatiseur	apparaître	le	(dire)
	"circonstant"-sujet	de sujet	circonstanciel	
			passé	

= litt. "Et ceci sont les circonstances par lesquelles apparut la formule qui dit…" (CALLET: 60. Traduction personnelle).

Telles sont les limites dans lesquelles *maha-* rencontre le circonstanciel. Mais plus que d'affiner le tracé de ces limites, il nous importe de noter que le contact entre *maha-* et le circonstanciel intéresse de façon presque exclusive le sous-ensemble *maha-2*. En effet ni le suj.1 de *maha-1* ni celui de *maha-3* ne se prêtent au rôle de "circonstance" ni donc à la fonction de "circonstant"-sujet pour construire une Phrase circonstancielle: l'un trop marqué par le sème <+ animé>, voire <+ humain>, l'autre en tant qu'il désigne une propriété ou partie intrinsèque du sujet (comme on va le voir en 2.3). La proximité sémantique, relative mais réelle, avec la construction circonstancielle reste donc bien une propriété caractéristique de *maha-2*.

2.3. *Maha-3*: suj.1 <- animé, - agentif>. Quand le sujet <-animé> vient à perdre aussi son agentivité, la formule résultante <- animé, - agentif> ne se démarque plus seulement de la précédente par un moindre degré de puissance causatrice. Car une construction syntaxique inchangée soutient cette fois une interprétation de la cause franchement différente. Deux données nouvelles apparaissent, qui doivent être considérées l'une après l'autre. On s'apercevra en effet:

- que la relation instaurée par *maha-* entre les deux états de choses "causateur" et "causé" n'est plus alors celle d'une cause déterminante mais plutôt celle d'une identification (§ 2.3.1).

- que le sujet "causateur" se trouve, dans ces conditions, souvent dépourvu de toute référence externe; et qu'en pareil cas *maha-* tend à devenir l'outil d'une opération inattendue: celle de désigner (§ 2.3.2).

2.3.1. *Maha-3* **dans les énoncés d'identification.** L'ensemble des énoncés IV.28. et IV.29. à IV.32. donne à voir comment *maha-* sert d'outil pour construire un énoncé d'identification. Cependant, de IV.28. à IV.29. la démarche diffère en ceci que:

- IV.28. asserte: les parties constituantes, qu'ils ont en commun, font (*maha-*) que l'arbre est un Arbre

- et IV.29, différemment: telle qualité, qu'ils ont en commun, fait (*maha-*) que l'homme est un Homme.

Voyons tour à tour ces deux cas de figure.

a) IV.28. Ny   **hazo**   **raha**   **atao hoe**   **maty, ny**   **dikan'**
     le   arbre   quand   dit   mort, le   sens de

izany   **dia**   **maty**   **ny**   **faka- ny**   **sy**   **ny**   **vata-**
ceci   (connecteur)   mort   le   racine de lui   et   le   tronc

ny   **maha-**   **hazo**   **azy**
de lui   faire   arbre   lui

= "L'arbre, quand il est dit mort, le sens de ceci c'est que ses racines et son tronc, qui le font être un arbre, sont morts" (RATSIFANDRIHAMANANA 1992, II: 48).

Cet énoncé inclut une Phrase que sa syntaxe range parmi les causatives à opérateur *maha-*, soit:

Ny faka-ny sy ny vata-ny   **maha-**   **hazo**   **azy**
     sujet "causateur"   préd. "causateur"   préd. "causé"   suj."causé"

Or cette Phrase, plus elliptique qu'il n'y paraît, fournit en fait les trois sortes de données constitutives d'un syllogisme. A savoir:

1) L'arbre a des racines et un tronc. L'*arbre*, avec un *a* minuscule, est celui que le locuteur nous invite à imaginer. L'information *Il a des racines et un tronc* est contenue dans le sujet "causateur" *ny faka-ny sy ny vata-ny* -et plus précisément,

dans le "possesseur"suffixé –*ny*. Car on ne dirait pas *ses racines et son tronc* s'il n'en était point pourvu. Leur existence est considérée dès lors comme une donnée pré-acquise.

2) <u>Or les racines et le tronc sont ce qui constitue l'Arbre.</u> Entre les racines + le tronc, et l'Arbre (avec un *A* majuscule) existe une relation d'ingrédience, telle que l'Arbre forme la classe collective où viennent s'inscrire ces parties constituantes que sont racines et tronc (JACKIEWICZ 1996: 54). L'existence des racines et du tronc constitue l'Arbre en tant que tel: *Ny faka sy ny vata no maha-Hazo.* Cette relation ne se trouve pas explicitement formulée dans l'énoncé IV.28; elle est néanmoins impliquée par l'assertion conclusive 3) (ci-après) -laquelle précisément ne pourrait être maintenue si 2) n'était préalablement admis. Certains énoncés attestés semblent réaliser le schéma en question *Ny faka sy ny vata no maha-hazo:* IV.30. donnera l'occasion d'en discuter.

3) <u>Donc l'arbre est un Arbre, c'est-à-dire un membre de la classe Arbre.</u> Il suit de 2) que si un arbre possède racine et tronc, il est donc membre de la classe Arbre. Cette conclusion en forme d'inclusion logique se trouve formulée par la P2 "causée" *(maha-) Hazo azy.*

C'est bien ce raisonnement que l'énoncé IV.28. présente en raccourci, en faisant l'économie de l'étape 2). Or dans un énoncé ainsi constitué que fait donc, et que vaut *maha-* ? Au niveau syntaxique cet opérateur n'assume rien d'autre que sa fonction habituelle de préd.1 en Phrase causative. Mais moins banale est l'interprétation sémantique associée à ce fonctionnement. Les racines et le tronc "font l'arbre (ici évoqué) être un Arbre" c'est-à-dire que *maha-* pose entre le suj.1 "les racines…" et le préd.2 "être un Arbre" une relation qui ne procède plus du tout de la cause déterminante à l'effet comme c'était le cas aussi longtemps que le sujet "causateur" conservait un sème <+ agentif> (aux § 2.1. et 2.2), mais bien plutôt des éléments inclus à l'ensemble incluant. En outre cette opération en implique une autre préalablement acquise. Et cette dernière telle que décrite à l'instant sous 2) comporte déjà un opérateur *maha-*, lequel "fait les racines être l'Arbre" c'est-à-dire établit entre les unes et l'autre une relation de constituance. L'énoncé IV.28. montre ainsi à deux niveaux simultanés d'un seul et même énoncé comment le "causateur" *maha-* exprime en fait les relations qui articulent un ensemble sur ses parties ou ses membres constituants -c'est-à-dire, pour utiliser le terme le plus général, les relations de constituance.

b) IV.29. Ny **fanahy** **no** **maha-olona** **ny** **olona**

Ny	fanahy	no	maha-olona	ny	olona
le		emphatiseur de sujet	faire homme	le	homme

= litt. "C'est le *fanahy* qui fait les hommes être des Hommes"c.à.d. "qui fait accéder les hommes à l'humanité" (Exemple de RAHAJARIZAFY 1970: 37; cité aussi par RABENILAINA 2001: 157).

Dans cette Phrase causative la P2 "causée": *Olona ny olona* semble à première vue aussi stérile qu'une tautologie peut l'être. Pourtant les Phrases équatives d'allure tautologique expriment en fait des jugements d'identification (DESCLES 1996: 93). Et l'énoncé IV.29. consiste justement à rapporter *ny olona* c'est-à-dire "les hommes" comme personnes individuelles à la catégorie *Olona* c'est-à-dire celle des Hommes en qui s'épanouit pleinement la qualité d'Humanité. Le raisonnement procède ici exactement comme en IV.28:

1) Il existe certains hommes qui savent "posséder le *fanahy*" -ce que IV.31. nommera *ny fananam-panahy*.

2) La possession du *fanahy*, c'est ce qui fait les Hommes être précisément tels: ce qu'exprime la formule *Ny fanahy no maha-Olona* discutée sous IV.30. ci-après.

3) Ce sont les hommes possesseurs du *fanahy* qui sont donc pleinement des Hommes. *Olona ny olona*: une Phrase équative finalement pleine de sens.

Les énoncés IV.28. et IV.29. établissent chacun une relation d'équivalence, et tous deux au moyen de *maha-*. Mais de part et d'autre quelle sorte de relation exprime exactement ce prédicat "causateur" ? Comment *maha-* fait-il "les racines et le tronc être un Arbre" et comment fait-il "les hommes (capables de *fanahy*) être des Hommes" ? Faire "les racines et le tronc être un Arbre", c'est déclarer que l'ensemble des ingrédients forme le tout, c'est-à-dire raisonner en termes extensionnels. Faire "les hommes (capables de *fanahy*) être des Hommes", c'est identifier homme et Homme sur le critère d'une qualité commune, c'est-à-dire raisonner en termes de propriétés. Dans un cas les deux termes liés par *maha-* (racine-et-tronc, Arbre) sont constatés être dans une relation de constituance, dans l'autre les deux termes (homme, Homme) pareillement liés par *maha-* sont placés, par le jugement qu'exprime l'énoncé, dans une relation d'équivalence qualitative. Les deux emplois gardent pourtant en commun ce trait fondamental que l'un et l'autre organisent de façon synchronique la relation entre deux sous-ensembles (soit des parties au tout, soit de qualité à Qualité) et se distinguent ainsi nettement d'un faire situé sur l'axe du temps c'est-à-dire reliant un événement-cause à son effet ultérieur.

Les quatre énoncés suivants apportent quelques informations supplémentaires, propres à éclairer IV.29. sur divers points particuliers.

IV.30. Ny   fanahy   no   maha-   olona

le   emphatiseur de sujet   fait   homme

= "C'est le *fanahy* qui fait être des Hommes".

Cette expression, qui s'entend dans les commentaires et discours d'exhortation morale, n'est à première vue qu'une reprise de IV.29, abrégée par omission du sujet "causé" *ny olona*. Elle attire cependant l'attention sur la valeur exacte de ce *olona*. IV.30. autorise deux lectures:

a) *Ny fanahy no maha-Olona ny olona* = "C'est le *fanahy* qui fait les hommes être des Hommes".

b) *Ny fanahy no maha-Olona ny Olona* = "C'est le *fanahy* qui fait l'Homme être Homme".

L'interprétation a) reconnaît en IV.30. le même énoncé que IV.29, simplement allégé par l'omission économique d'un terme facilement restituable. L'interprétation b) au contraire dit autre chose que IV.29, à savoir: "C'est le *fanahy* qui fait l'Homme précisément être Homme" c'est-à-dire "qui le fait être tel, le constitue comme tel". Il n'y a pas lieu de choisir une fois pour toutes entre ces deux interprétations car toutes deux sont également plausibles, il convient seulement de solliciter au cas par cas la compétence de chaque locuteur au moyen de la question: *Que voulez-vous dire, ceci ou cela ?* Mais par sa seule possibilité et n'y eût-il qu'un locuteur pour la revendiquer, l'interprétation b) présente un intérêt. Elle montre que la langue possède le moyen de porter à l'expression le jugement logique "C'est telle qualité qui fait précisément l'Homme être ce qu'il est" -jugement de toutes façons déjà contenu, mais de façon implicite, comme on l'a vu, dans le type d'énoncé IV.29.

IV.31. ... ilay	**fananam-panahy sy**		**fitandroam-**	**pihavanana**
ce	possession de	et	attention à	relations familiales

maha-	**olona**	**ny**	**razana**
faire	homme	le	ancêtre

= "(Pourquoi abandonnerais-tu) cette possession du *fanahy* et cette attention aux relations familiales qui ont fait l'humanité de nos ancêtres ?" (RAHAJARIZAFY 1970: 61).

Cet énoncé contient deux enseignements. Le premier d'entre eux: le Nom qui y assume la fonction de suj.1, *ilay fananam-panahy*, invite à prendre au sens subjectif le lexème *fanahy* des énoncés IV.29, IV.30 et IV.33. ci-après, c'est-à-dire à l'entendre comme la <u>possession</u> du *fanahy*, "l'adhésion personnelle aux valeurs dont l'ensemble se nomme *fanahy*". Mais plus riche de leçons sur l'énoncé entier est ce Nom *ny razana* substitué à *ny olona* de IV.29. Il se confirme par cet exemple que *olona* désigne en pareil cas un individu singulier mais non vraiment spécifié, car substituable dans le présent énoncé par des Noms d'individus diversement identifiés, comme "les sages d'antan, le roi Un Tel, ton grand frère...". La relation de *razana* à *Olona* achève ainsi d'éclairer celle de *ny olona* à *Olona*.

IV.32. ... **toa   tafiditra   tsikelikely   tao   amin'   ny**
comme   entré   peu à peu   là   dans   le

maha-   izaho   ahy   ny   ranomasina
faire   je   moi   le   mer
                cas Objet

= litt. "(C'était) comme si la mer était entrée peu à peu dans ce qui me fait être Moi" (ANDRIAMALALA 2000: 42).

Cet énoncé repose sur le même schéma que IV.29, dont il montre ainsi le caractère productif. Toujours dans l'encadrement syntaxique de la Phrase causative, *izaho* à l'intérieur de la P2 "causée" prédique *ahy* comme *Olona* fait de *olona*. Et "ce qui me fait être Moi" désigne l'ensemble des sentiments et des choix de vie (longuement décrits par le contexte) -parmi lesquels s'inscrit l'attachement passionné à la vocation maritime- qui permettent au jeune matelot de trouver son vrai Moi.

IV.33. Ny   fanahy   no   olona
le   emphatiseur de sujet   homme

= "C'est le *fanahy* qui est l'Homme" (RAHAJARIZAFY 1970: 13).

Cet énoncé comparé à IV.29. lui servira de contre-exemple. Faute d'opérateur *maha-* et en l'absence de P2 "causée", IV.33. n'est rien d'autre qu'une simple Phrase équative -ce qui change radicalement, pour le sens, la nature du contenu asserté:
IV.29. = "C'est le *fanahy* qui fait (les hommes être des Hommes)"
IV.33. = "C'est le *fanahy* qui est (constitue) l'Homme".
Exemples et contre-exemples, tout concorde donc pour le montrer: dans l'ensemble des énoncés IV.28. à IV.32. *maha-* opère, plutôt que comme un "causateur" au sens banal reliant terme à terme un effet à sa cause, à la façon d'un relateur c'est-à-dire un outil servant à organiser la relation entre deux référents qui relèvent de deux statuts sémantico-logiques distincts (l'arbre et l'Arbre, l'homme et l'Homme). Pourtant le locuteur, par le fait d'asserter que les racines et le tronc <u>font</u> l'arbre être un Arbre, confie encore à *maha-* l'expression d'un <u>faire</u>; et dans le contenu signifié de ce "faire" subsiste encore quelque chose de causal. C'est ce dernier reste que l'on verra disparaître dans les énoncés rangés sous 2.3.2: *maha-* n'y signifie plus rien qui ressemble à un lien de causalité.

2.3.2. *Maha-3* **dans les énoncés de désignation.** Le suj.1 atteint son plus faible degré d'agentivité lorsqu'il se trouve privé de tout référent propre. Quelle configuration sémantique résulte alors de sa présence ? Mais voyons d'abord l'état de fait. Il existe une situation où le suj.1 ne dénote rien d'autre que le contenu même du procès qu'exprime par ailleurs le préd.2. Ce cas de figure se réalise sous deux formes, que donnent à voir respectivement IV.34. et IV.35. L'énoncé IV.34. semble concéder un référent à son suj.1 puisque le Nom *ny fidoboky ny fo* = "les battements de coeur" désigne un phénomène qui existe en effet dans le monde extra-linguistique; mais ce phénomène est précisément ce en quoi consiste l'état de *marary* = "être souffrant(e)" mentionné par le préd.2:

IV.34. Ny	fidoboky	ny	fo-	ny	naha-	rary	azy
le	battement	le	coeur de	elle	faire passé	souffrant	elle

= litt. "Les battements de son coeur la faisaient souffrante" c.à.d. "Elle souffrait de battements de coeur" (RATSIFANDRIHAMANANA 1992, I: 34).

Quant à l'exemple IV.35, il illustre un type d'expression que son organisation syntaxique et son sémantisme rendent également remarquable:

IV.35. Tsy	nahay	nanaja	ny	maha-mpanjaka	sy	ny
ne..pas	savoir passé	respecter passé	le	faire-roi	et	le

maha-	malagasy	an'	Andriamanana	mihitsy	ny
faire	malgache	marqueur de compl.direct	N propre	du tout	le

Vazaha	nifanerasera	tami-	ny
Européen	être de passage passé	chez	lui

= litt. "Les Vazaha (= Européens) de passage chez lui ne savaient tout simplement pas respecter ce qui faisait Andriamanana être roi et être malgache" (RANDRIAMAMONJY: 64).

L'organisation syntaxique consiste en ceci que le coeur de la construction causative, soit:
maha-mpanjaka an'Andriamanana = litt. "faire Andriamanana être roi"
maha-malagasy an'Andriamanana = litt. "faire Andriamanana être malgache"
se trouve saisi par l'article *ny*, et ce sous-ensemble syntaxique occupe dans l'ensemble plus vaste de la Phrase effectivement énoncée la position de complement direct d'Objet gouverné par le Verbe (*nahay*) *nanaja*:

Ny Vazaha	tsy nahay nanaja	ny maha-mpanjaka an'Andria...
sujet	Verbe	P recatégorisée, complément direct d'Objet

Or quelle interprétation sémantique requiert en pareil cas le sous-ensemble *ny maha-mpanjaka an'Andriamanana* ? *Ny*, qui sert ici à saisir *maha-mpanjaka* pour l'insérer dans la Phrase incluante, ne renvoie à aucun référent extérieur au contenu signifié de *maha-mpanjaka an'Andriamanana*. De fait, le locuteur n'entend sûrement pas évoquer par ce *ny* une personne ou chose référentiellement autonome: *"Les Vazaha ne savaient pas respecter cet homme/cet événement… qui faisait Andriamanana être roi". Il faut plutôt reconnaître que pour le contenu strictement informationnel, "Les Vazaha ne savaient pas respecter ce qui faisait Andriamanana être roi" ne dit rien de plus que "…ne savaient pas respecter le fait qu'Andriamanana était roi". S'agit-il donc d'une simple redondance, c'est-à-dire d'une boucle expressive vide de tout enrichissement sémantique ? L'opérateur *maha-* est-il ici "transparent" au point de n'apporter aucun surcroît de sens ? Non point, car par cette tournure le locuteur signifie quelque chose de non trivial, à savoir: les Vazaha ne savaient pas respecter en Andriamanana ce qui était son statut, sa qualité propre de roi (le Verbe appréciatif *manaja* traduit bien le jugement qualitatif), ils ne respectaient pas en lui le roi "en tant que tel", en son essence royale. *Maha-* s'offre ainsi comme un procédé disponible dans la langue, dont le locuteur usera s'il souhaite présenter l'événement ou l'état de choses rapporté par la P2 en ce qui le "fait être tel" c'est-à-dire dans sa réalité singulière. En pareil cas *maha-* sert en définitive d'outil pour construire ce que l'on peut nommer une désignation singularisante. Les énoncés IV.36. et IV.37. illustreront le cas de figure (*maha- + P2* d' événement); les énoncés IV.38. à IV.42, le cas de figure (*maha- + P2* d'état).

IV.36. Maha-	vaky	fo	ange	izany	naha-	tafiditra
faire	brisé	coeur	combien!	ce	faire passé	entrer

ny	fahavalo	teto	Antananarivo	izany !
le	ennemi	là	N propre	ce

= litt. "Cela brise le coeur, ce qui fit l'ennemi entrer à Antananarivo" c.à.d. "…cet événement que fut l'entrée de l'ennemi à Antananarivo" (RASOLOARIMANANA: 35).

IV.37. Toy	izany	no	fandehan-javatra	tamin'
comme	cela	(connecteur)	marche des choses	lors de

ny	naha-	faty	an'	i	Feno
le	faire passé	mort	marqueur de compl.direct	article personnel	N propre

= litt. "Telle fut la marche des événements lors de ce qui fit Feno mourir" c.à.d. "Telles furent les circonstances qui entourèrent la mort de Feno" (ANDRAINA 2000: 236).

Les P2 d'état associées à *maha-* indiquent soit la situation dans l'espace physique comme naha-*teo* en IV.38, soit la position dans l'espace social comme *maha-zanadrahavavinao* en IV.39 (et autres exemples en IV.40. et IV.41), soit la qualité comme *maha-tsara* en IV.42.

IV.38. Nandritra   **ny**   **tsy**   **naha-teo**   **ahy**

durant passé	le	ne..pas	faire là passé	moi

= litt. "Durant ce qui me faisait n'être pas là" c.à.d. "Durant mon absence" (ANDRIAMALALA 2000: 65).

IV.39. Ny   **maha-**   **zanadrahavavi-nao**   **azy**   **nahatonga**   **ny**

le	faire	fille de soeur-de- toi	elle	amener	le

Ntaolo   **hilaza**   **fa**   **zanaka**   **tokoa**   **izany**   **saingy**

Ancien	dire futur	que	enfant	tout à fait	ceci	mais

kibo   **tsy**   **omby**   **fotsiny**

ventre	ne..pas	qui contient	seulement

= litt. "Ce qui la fait être fille-de-ta-soeur a amené les Anciens à dire que c'est tout à fait une enfant, mais la matrice seulement ne l'a pas portée" c.à.d. "La position de fille-de-ta-soeur qui est la sienne a amené les Anciens à dire que c'est vraiment une fille, à la seule différence que la (même) matrice ne l'a pas portée" (RATSIFANDRIHAMANANA 1992, II: 67).

IV.40. Ny   **maha-**   **mpiantsambo**   **dia**   **efa**   **miisa**

le	faire	matelot	(connecteur)	déjà	compter

ho   **toy**   **ny**   **raharaha-miaramila**

pour	comme	le	activité militaire

= litt. "Ce qui fait être matelot compte déjà pour, en quelque sorte, une activité militaire" c.à.d. "Le statut de matelot compte déjà pour une sorte de…" (ANDRIAMALALA 2000: 34).

IV.41. Tsy   **fantatra**   **na**   **noho**   **ny**   **maha- Malagasy**

ne..pas	su	si	à cause de	le	faire-Malgache

an-	dRangahy	io,	na	noho	ny	maha-mpitondra
marqueur de compl.direct	homme	ceci	ou si	à cause de	le	faire conducteur

sarety	azy,	no	nahatonga	ilay	Vazaha	hanao
charrette	lui	(connecteur)	amener passé	ce	Européen	faire futur

izany
ceci

= litt. "On ne sait si ce qui amena le Vazaha à agir ainsi, ce fut à cause de ce qui fait cet homme être un Malgache, ou à cause de ce qui le fait être un conducteur de charrette…" c.à.d. "… à cause de sa qualité de Malgache, ou à cause de son satut (social) de charretier…" (ANDRAINA 2000: 64).

IV.42. Mahagaga	ny	fikirizan'	ny	firenena	sasany
étonnant	le	obstination	le	peuple	certains

hitana	ny	nentin-	draza-ny,	na dia	miharihary
retenir futur	le	utilisé par	ancêtre de eux	quand bien..	être évident

izao	aza	ny	maha-	tsara	ny	vaovao
maintenant	..même	le	faire	bien	le	nouveau

= litt. "Etonnante est l'obstination de certains peuples à retenir ce qui a été en usage chez leurs ancêtres, quand bien même ce qui fait l'innovation être bonne est maintenant évident" c.à.d. "quand bien même le caractère bénéfique de l'innovation est aujourd'hui évident" (ANDRIAMALALA 2000: 38).

(et d'autres exemples in FUGIER 2004 a: 261). On trouve enfin couramment l'expression quasi-figée *amin'ny maha-* = litt. dans sa fonction, ès-qualité".
Ainsi la photo d'un professeur en toge universitaire parue au dos d'un manuel porte-t-elle pour légende:

IV.43. Andriamatoa Pr R…,	amin'ny	maha-	Mpampianatra
Monsieur	en ce qui	faire	enseignant

Mpikaroka	azy
chercheur	lui

= "M. le Professeur R…, enseignant-chercheur, ès-qualité".

Avec le dispositif ainsi décrit se confirme ce que donnaient à voir déjà les énoncés d'identification analysés sous 2.3.1: s'il prédique un sujet <- animé, -

agentif>, *maha-* ne vaut plus pour un "causateur" au sens usuel du terme, mais comme un outil propre à expliciter soit la constituance, soit la qualité typique ou définitoire de la personne ou chose dénotée. L'ensemble du présent chapitre montre d'ailleurs à quel point *maha-*, sans perdre jamais sa fonction syntaxique de préd.1 dans le schéma de Phrase causative, requiert des interprétations diverses suivant la qualité sémantique de son suj.1. Pour récapituler:

Maha-1 (§ 2.1). Au suj.1 <+ animé, + agentif> correspond une valeur de *maha-* franchement causale c'est-à-dire exprimant la relation de la cause à l'effet. Cf. IV.11. *Iza no maha-andriana ahy ?*

Maha-2 (§ 2.2). Au suj.1 <- animé, + agentif> correspond une valeur de *maha-* tout juste aussi causale que le permet l'objet matériel, la situation ou circonstance dénotée par ce sujet "causateur". Cf. IV.19. *Maha-tsara an'i Bakoly izao fivoahana... izao.* De façon non surprenante ce *maha-2* s'avère le plus compatible avec la construction circonstancielle.

Maha-3 (§ 2.3). Au suj.1 <- animé, - agentif> correspond une valeur de *maha-* par le moyen de laquelle le locuteur rapporte à la personne ou chose dénotée soit ses parties constituantes soit sa qualité intrinsèque, et accomplit ainsi diverses opérations tout à fait différentes de celle qui relie l'effet à la cause. Les exemples IV.28. à IV.43. en donnent diverses illustrations.

A cet ensemble, diversifié mais non disparate, où se déploient largement les différentes interprétations qu'admet la notion de "faire", il reste à passer l'épreuve des tests.

3. Evaluation.

a.1. Le morphème fonctionnel *m-* appartient-il au préfixe *maha-* ou au prédicat "causé" ? Des trois affixes "causateurs" étudiés dans ce livre (*man(a)-; -amp-* et *maha-*), seul *maha-* forme avec son préd.2 un ensemble capable de présenter deux occurrences simultanées du morphème *m-*. Le cas se produit effectivement lorsqu'à ce *maha-* lui-même toujours porteur d'un *m-* initial vient se combiner soit un Adjectif en *ma-* comme *menatra* ou *masina*, soit un Verbe comme *manjaka* (voir 2.1.b, et l'exemple IV.15).

a.2. Le temps s'exprime-t-il par le préfixe *maha-* ou par le prédicat "causé" ? Il suit de a.1. qu'en pareil cas deux marques temporelles devront se combiner entre elles. Entre *maha-* et son préd.2, les règles de coexistence temporelle se formuleront comme suit:

1) Devant un préd.2 dont la structure n'admet aucun préfixe temporel, *maha-* reste évidemment seul à exprimer pour l'ensemble:

soit le présent, comme ***maha-olona*** de l'exemple IV.29

soit le passé, comme ***naha-rary*** de l'exemple IV.31

soit le futur, comme ***haha teny Malagasy filamatra*** de l'exemple IV.44.

ci-après. Mais le temps exprimé par *maha-* couvre aussi le préd.2, ainsi suivant l'énoncé IV.44. les progrès souhaitables de l'unification inter-dialectale "feront (*haha-*) que la langue malgache devienne (dans l'avenir !) une langue normée".

IV.44 … alohan' ny   haha   teny malagasy   filamatra azy
           avant   le   faire   langue malgache   norme   elle
                           futur

manerana   ny   Nosy
s'étendre sur   le   île

= litt. (On comprend pourquoi d'autres étapes doivent être parcourues par la langue malgache) "avant ce qui la fera devenir une langue normée étendue à (toute) l'Ile" (RABENILAINA 2001: 23).

2) Devant un préd.2 dont la structure admet un préfixe temporel, deux cas de figure se présentent. Dans le plus fréquent, *maha-* et le préd.2 se situent au même niveau de temporalité, et le locuteur choisit pour exprimer cet état de choses entre les deux solutions également disponibles dans la langue:
  - soit les deux constituants exhibent de façon simultanée leurs marques convergentes de présent ou passé ou futur, comme font:
       au présent, *maha-menatra* de l'exemple IV.20
       au passé, *naha-teo* de l'exemple IV.38.

Remarque. Pour rappel, à propos des marques morphologiques du temps en malgache. Dans l'usage effectif de la langue malgache, *n-* commute avec *m-* comme la marque du passé avec celle du présent. Ce n'est là cependant que l'effet d'une réorganisation car *m-* est d'origine un morphème de voix active, et par défaut seulement, un morphème de temps présent (FUGIER 1999: 123).
     Les Adverbes de lieu-temps possèdent leur propre morphologie temporelle: *eo* "là" forme un passé *t-eo* et un futur *ho eo*.

  -   soit le premier constituant dans l'ordre linéaire (c'est-à-dire *maha-*) assume pour le compte de l'ensemble la charge d'exprimer passé ou futur, et le second se contente du *m-* initial valant, dans le système des marques temporelles, pour le terme non-marqué sans signifié propre -comme fait *naha-masina* dans l'exemple IV.24.
Dans un cas beaucoup plus rare les deux constituants expriment des temporalités différentes. Il est vrai que pour obtenir une séquence :

Maha-   +   *hanao*   *(azy)*
faire   agir (ainsi)   lui
présent   futur   cas Objet

la langue doit recourir à un procédé de raccord -en l'espèce, à l'auxiliaire *te/ta* (formes réduites de *tia* "aimer, vouloir"), de façon à créer la séquence effectivement attestée:

maha-ta-hanao azy = litt. "faire qu'il veuille agir, qu'il agisse (dans l'avenir)" (exemple de ABINAL-MALZAC, qui traduit "pousser à l'action, rendre zélé pour agir").

De telles expressions où coexistent les marques *m-* "présent" et *h-* futur restent toutefois exceptionnelles, et ce sont les dispositifs *naha-teo, naha-masina* qui représentent plutôt l'usage normal. *Maha-* se comporte à cet égard exactement comme l'auxiliaire:

Nahay nanaja (de l'exemple IV.35) ou **nahay manaja izy**
= "Il savait respecter"

Et comme le co-Verbe:

Niara-nangalatra ou niara-mangalatra izy
= "Ils s'associaient pour voler" (exemple de ABINAL-MALZAC: s.v. *Araka*).

a.3. La passivation implique-t-elle le préfixe *maha-* ou le prédicat "causé" ? A cette question la réponse paradoxale consiste à dire que l'éventuelle passivation d'une séquence (*maha-* + préd.2) touche à la fois ses deux constituants; mais que cette passivation, théoriquement possible, n'existe pourtant presque pas dans les faits. Dans le passif *aha-tsaraina* qui correspond formellement à *maha-tsara* "rendre beau ou bon", la transformation morphologique affecte de façon simultanée les deux constituants: *maha-* par la perte du *m-* initial (lui-même morphème caractéristique de la voix active), et *tsara* par l'ajout du suffixe *-ina*; tandis que l'agent suffixé où se retrouve le suj.1 de la construction active correspondante embrasse l'ensemble *aha-tsaraina*:

Maha-tsara ny trano ny mpandoko
= litt."Le peintre fait la maison belle" c.à.d."embellit la maison"
>Aha-tsarain'ny mpandoko ny trano
= "La maison est embellie par le peintre".

Or selon A.RAHAJARIZAFY *les Verbes en maha-, quoique transitifs directs pour la plupart, n'ont pas tous un verbe de l'objet (c.à.d. passif) correspondant* (1960: 53). Il est vrai. Et c'est même là trop peu dire. Car dans l'usage courant du malgache écrit ou oral, presque aucun de ces Verbes enrichis par *maha-* ne se trouve dans une construction autre que l'active. De cette lacune surprenante dans une langue qui de façon générale préfère la tournure passive à l'active, la cause

98

réside à la fois dans la morpho-syntaxe et dans la sémantique. D'une part la forme passive n'existe que de façon rare ou exceptionnelle là où le préd.2 se réalise par un Adjectif et surtout par un Nom, et s'avère structurellement impossible si ce prédicat consiste soit en un Syntagme Prépositionnel de lieu-temps (*naha-tany amin'ny lazare* en IV.21), soit en un Verbe d'état tel que *mety* ou *misy* (IV.17; IV.18), soit en un Adjectif en construction attributive (*naha-very vady* en IV.14). Elle est de toutes façons inutile là où *maha-* sert précisément à munir d'un actif des Adjectifs d'état (voir au § 2.1, <u>Remarque 3)</u> - de sorte que dans un couple comme *maha-simba* vs *simba* = "endommager" vs "(être) endommagé", l'état résultant de l'activité causative se trouve assez clairement exprimé par l'Adjectif *simba*. D'autre part aucune passivation n'est sémantiquement concevable dans les énoncés dont le contenu logique consiste à identifier ou désigner (voir le § 2.3). Car la relation de constituance exprimée par une Phrase active comme IV.28. *Faka-ny...maha-hazo azy* ne se retrouverait pas dans une tournure passive correspondante où le Nom *ny faka-ny...* devenu agent suffixé ne pourrait plus, en pareille position, s'interpréter comme "parties constituantes".

Par sa relation difficile avec le passif, *maha-* diffère sensiblement de l'infixe *-amp-*. Cet état de choses ne tient pas seulement à ceci que *maha-* préfixe des catégories morpho-syntaxiques plus diversifiées -lesquelles favorisent très inégalement le phénomène morphologique de la passivation. Il faut y voir surtout le signe que *maha-* saisit la notion de cause d'une façon moins unifiée et pour ainsi dire moins concentrée que ne le fait *-amp-*. Peut-être en effet le préfixe *maha-* se rencontre-t-il d'autant moins en construction passive qu'il n'a pas pour valeur dominante cette relation de la cause antécédente à l'effet qui s'accommode si bien d'une réversion passive de l'effet à la cause (comme fait, pour les Verbes infixés par *-amp-*, *amp-anaovina* vs *m-amp-anao*: cf. l'exemple III.9. au chapitre précédent). Et peut-être cela est-il la vraie réponse à la question du passif concernant les préfixés par *maha-*.

b) <u>La négation peut-elle affecter la Phrase "causée" indépendamment de la Phrase "causatrice"</u> ? La négation *tsy* précède nécessairement l'ensemble (*maha-* + préd.2) c'est-à-dire ne peut d'aucune façon s'insérer entre le préfixe "causateur" et l'élément initial de la Phrase "causée". Au destinataire revient le soin de discerner -au moyen de quelques indices éventuellement inclus dans l'énoncé et en raisonnant à l'intérieur de la situation décrite- si l'encodeur du message entend nier la P1 (*maha-...izy* = "Un Tel fait que...") ou la P2. La négation porte à l'évidence sur le contenu signifié de P2 dans une situation telle que:

IV.45. Nandritra ny telo andro tsy naha-salama

Nandritra	ny	telo	andro	tsy	naha-salama
durant passé	le	3	jour	ne..pas	faire bien portant passé

ny	**zaza-kely**
le	enfant-petit

= litt. "Durant les trois jours qui ne faisaient pas l'enfant être en bonne santé" c.à.d. "qui faisaient que l'enfant n'était pas en bonne santé" (RATSIFANDRIHAMANANA 1992, I: 80).

Elle porte de même sur *teo izy* = "Il était ici" en IV.38. et sur *Lava amalona* = "L'anguille est longue" en IV.23.a. cités ci-avant. Les choses se compliquent quelque peu quand la négation affecte la P1. Certes la non-vérité du "faire" entraîne la non-réalité de l'événement présenté comme l'éventuel résultat de ce "faire". Ainsi dans la situation représentée par IV.11, au propos reconnaissant d'Andrianampoinimerina "Qui m'a fait roi, sinon vous ?" ses interlocuteurs pourraient rétorquer *Tsy maha-Mpanjaka anao izahay !"* = Mais nous ne te faisons pas roi !". Pourtant, de cette protestation la conclusion apparemment naturelle "Donc tu n'es pas roi !" ne s'impose pas sans conditions car *maha-* n'exprimant qu'une cause suffisante, en définitive "Tu n'es pas roi <u>sauf si</u> quelqu'un d'autre que nous intervient de son côté pour produire ce résultat". La négation nécessite, pour être bien interprétée, quelque attention à la différence entre cause suffisante et cause nécessaire.

A cet état de choses qui caractérise de façon générale la négation des Phrases causatives, *maha-* ajoute ce trait propre que certaines Phrases comportant ce préfixe ne sont tout simplement pas niables. Ce sont les énoncés d'identification et de désignation. Ainsi une séquence comme *ny maha-zanadrahavavi-nao* en IV.39. ne peut se voir niée ni prolongée par une expression négative telle que "la position de fille-de-la-soeur qui est la sienne, mais elle n'est pas la fille de la soeur". Car, par une implication prévisible du caractère tautologique attaché à ce genre d'énoncés, on ne peut sans contradiction nier que soit tel ou tel ce qu'au même instant on désigne précisément comme tel. Quand bien même il s'agit là de cohérence logique plutôt que de Linguistique, ce déni de négation singularise, non seulement *maha-3* par rapport à *maha-1* et *maha-2*, mais de ce fait, également le préfixe *maha-* par rapport à l'infixe *-amp-*.

c) <u>Quelle est la relation sémantique du sujet "causé" au sujet "causateur" ?</u> Pareille question trouvera sa réponse dans un cadre élargi qui embrasse, outre les deux sujets "causateur" et "causé", également le préd.2. En règle générale la P2 placée sous l'opérateur *maha-* se réalise par une Phrase d'état, dont le prédicat <- agissif> s'applique à un suj.2, lui-même siège du procès. Et là précisément réside la différence entre les deux affixes *maha-* et *-amp-*. Sous l'opérateur *-amp-* en particulier le sujet "causateur" agit sur le sujet "causé" comme sur un relais en vue du résultat final, ainsi dans l'exemple III.7. du chapitre précédent "Le roi fait que les femmes (agissent de telle façon)". Sous l'opérateur *maha-1* en revanche le suj.2 <contrôle> d'autant moins le prédicat "causé" que celui-ci ne désigne quasiment jamais une activité, et de ce fait il ne collabore pas avec le suj.1 à la façon d'un agent médiat situé à mi-chemin de l'enchaînement causal. La relation du suj.2 au suj.1 diffère donc sensiblement entre les deux types d'énoncés que distingue leur préd.1: soit *maha-* soit *-amp-* Mais ce qui reste une divergence au niveau de *maha-1* comparé à *-amp-1*. s'accentue jusqu'à la rupture à mesure que l'on progresse sur le chemin qui conduit à *maha-3*. En énoncé d'identification le suj.2 se rapporte sémantiquement au suj.1 comme le tout à la partie ("l'arbre" à "le tronc et les branches" en IV.28) ou comme l'objet défini à la qualité qui le définit ("l'homme" au *fanahy* en IV.29). Quant à l'énoncé de désignation il abolit la possibilité même d'une relation du suj.2 au suj.1 (à quel suj.1 rapporter *azy* en IV.38 ?). C'est là une situation sans équivalent dans le domaine couvert par l'infixe *-amp-*.

Ces évaluations partielles s'accordent finalement pour montrer comment des valeurs sémantiques diversifiées peuvent correspondre à une seule et même structure syntaxique selon que le prédicat "causateur" s'y réalise par l'un ou l'autre des opérateurs disponibles dans la langue.

Cependant les tests d'évaluation mis en oeuvre jusqu'ici à la fin de chaque chapitre pour repérer les points d'écart entre l'un et l'autre affixe vont perdre leur raison d'être quand on aborde les constructions fondées sur l'opérateur *manao*. Car les questions formulées sous a), b), c) pour clore les chapitres II, III et IV perdent évidemment beaucoup de leur pertinence dès lors que le prédicat opérateur passe du statut d'affixe à celui de Verbe de plein exercice. Ce sont toujours des constructions causatives qui donneront son contenu au dernier chapitre de cet ouvrage -mais non sans que s'y aperçoive, entre celles-ci et les précédentes, un important décalage.

V. LES VERBES OPERATEURS DE CAUSATIVITE: MANAO (IZAY...)

La description des affixes causatifs *man(a)-, -amp-* et *maha-* se poursuit de façon naturelle et sans discontinuité par celle des Verbes "faire". Car en sa construction à pivot telle que la présentera le §.1, un Verbe comme *manao* assume exactement la même fonction de prédicat "causateur" que font les affixes sus-nommés; de sorte qu'un énoncé comme V.6. évoqué ici, par anticipation, comme exemple typique de cette construction ne requerra d'autre analyse que celle qu'on a vue convenir aux affixes, soit:

Izy	**no**	**nanao**	**mandry**	**ny**	**fanjakana**
il	emphatiseur de sujet	faire passé	être en paix	le	royaume
suj.1		préd.1	préd.2		suj.2
"causateur"		"causateur"	"causé"		"causé" = pivot

Toutefois *manao* est un Verbe, et ce statut morpho-syntaxique lui ouvre d'autres possibilités que la simple construction (+ pivot), à savoir:
- La construction relative ("faire ce qui produira tel résultat") telle que décrite au § 2, qui s'avère capable sous des conditions précises d'exprimer une relation de "procès causateur" à "procès causé".
- La construction conjonctive ("faire en sorte que...") telle que décrite au § 3, où se retrouvent assurément les deux sujets "causateur" et "causé" associés aux deux prédicats correspondants -mais cette fois dans un dispositif bien différent, de part et d'autre d'une conjonction *izay* et de façon telle que la notion de pivot y perd toute pertinence.
En chacun de ces trois paragraphes, les exemples produits contiendront d'ailleurs bien d'autres lexèmes verbaux que le seul *manao*. Car d'une part *manao* n'est que le plus typique parmi les Verbes "faire" qui peuvent exister dans le lexique et partagent ses constructions syntaxiques. D'autre part on sait que le "faire" -l'activité aboutissant à réalisation effective- vient au terme d'un parcours qui commence par un projet et se met en oeuvre par une tension; il n'est dès lors pas surprenant que dans la langue les Verbes factifs représentés par *manao* se trouvent accompagnés par deux sous-ensembles de Verbes, prospectifs comme *mihevitra* "envisager de..., réfléchir à la façon de..." et conatifs comme *mitady* "chercher à..., s'efforcer de...". C'est à cet ensemble élargi que nous aurons donc affaire.
Note de terminologie. Des trois dénominations ainsi choisies pour servir tout au long de ce chapitre, *factif* reprend le terme employé au chapitre III (à la fin du § 2), approprié aux Verbes qui expriment un "faire" exercé par son agent de façon forte et directe: ce que dénote en effet le lexème même de *manao*. *Prospectif* semble convenir pour qualifier ceux des Verbes "penser" qui signifient plus

particulièrement une activité mentale de "projeter de..., calculer comment..." tournée vers l'action à venir. *Conatif* s'applique usuellement aux Verbes "s'efforcer de...".

Même s'ils peuvent faire l'objet d'une assez longue description commune (aux paragraphes 1, 2, 3), les deux groupes prospectif et conatif n'en connaissent pas moins quelques divergences, tant entre eux qu'ensemble vis-à-vis des factifs. Le § 4. tâchera de rendre à chacun son dû au moyen d'un tableau récapitulatif.

1. *Manao mandry ny fanjakana*: une construction à pivot.

La formule:

Manao	*mandry*	*ny*	*fanjakana*
"faire	être en paix	le	royaume

(attestée en V.6. à la voix passive) exemplifie la construction (+ pivot). Pour rappel, nous nommons ainsi, selon l'usage grammatical établi, une construction qui *pivote* autour d'un actant central, lequel cumule les deux fonctions de complément direct d'Objet gouverné par le Verbe principal et de sujet affecté au Verbe subordonné: c'est-à-dire cet actant même qui figure dans notre schéma canonique à titre de suj.2 "causé", et qu'illustre le Nom *ny fanjakana* dans l'exemple produit à l'instant. A schéma constant, il n'importe que le préd.1 se réalise par un Verbe soit prospectif comme en V.1-V.2, soit conatif comme en V.3, soit factif comme dans la série V.4-V.5-V.7.

1.1. Avec un V1 prospectif.

V.1. Nony	**afaka**	**teo**	**izy**	**roa**	**lahy**	**dia**	**nankany**
quand	délivré	de là	ils	2	homme	(connecteur)	aller
							passé

an-tsaha	**mba**	**hihevitra**	**hanao**	**valim-**	**bonoana**
dans-champ	pour	réfléchir	faire	compensation-dommage	
		futur	futur		

= "Quand ils furent délivrés, les deux hommes allèrent dans un champ pour réfléchir à la façon d'exécuter une vengeance" (SIMS, *Ikotofetsy sy Imahakà*: 48. Traduction personnelle).

Dans la Phrase syntaxique causative incluse en cet énoncé, soit:

Hihevitra	**hanao**	**valim-bonoana**	**izy roa lahy**
préd.1	préd.2	compl.direct	suj.1 (repris comme suj.2)
		de *hanao*	

le préd.1 *hihevitra* réalisé en voix active gouverne un préd.2 *hanao* également actif. Tous deux ont pour sujet *izy roa lahy* lui-même hérité de *nankany* (et déjà de *afaka*), situé en amont et dominant l'ensemble (*hihevitra hanao*).

V.2. Nanao	**hevitra**	**izy**	**hah-azoa-ny**	**voasary**
faire	réflexion	ils	acquérir par eux	orange
passé			circonstanciel	

= "Ils firent réflexion sur la façon de se procurer les oranges" (SIMS, *Ikotofetsy sy Imahakà*: 41. Traduction personnelle).

La position du préd.2. se trouve occupée cette fois par une forme circonstancielle: *ahazoana*. L'agent prend forme d'un pronom suffixé: *-ny*, lequel renvoie au même référent que le sujet *izy* (= "ils" c.à.d. les deux compères).

1.2. Avec un V1 conatif.

V.3. Ary	**raha**	**sendra**	**misy**	**olona**	**mitady**
et	si	par hasard	il y a	gens	chercher à

hamitaka	**sy**	**hamono**	**haha-faty**	**anao**
tromper	et	tuer	faire mourir	toi
futur		futur	futur	

= "S'il y a des gens qui cherchent à te tromper et à te tuer..." (SIMS, *Imbahitrila*: 114).

Par cet exemple le temps futur se montre attaché au préd.2, quel que soit en la matière le choix du préd.1 (ici, au présent): sans surprise, puisqu'en construction causative le procès 2 se trouve naturellement placé dans la visée de l'agent "causateur".

1.3. Avec un V1 factif. Les énoncés V.4. à V.7. proviennent du *Tantara ny Andriana*. Le premier d'entre eux cite un propos du roi Andrianampoinimerina. En V.5 (avec ses paraphrases V.6. et V.7), des témoins interrogés par F.Callet rédacteur du *Tantara ny Andriana* rapportent comment ce roi "fit le royaume être en paix". Les quatre énoncés mettent en oeuvre les différentes façons possibles de disposer les actants sans échapper au schéma général de la Phrase causative: leur comparaison nous instruira d'autant.

V.4. Fa	**atao-ko**	**mananjara**	**izay**	**maha-tàna**
car	fait par moi	avoir part	ceux qui	retenir

ny	**didy**	**ko**		**amy**	**ny**	**fanjaka-ko**	**izao**
le	commandement de moi			dans	le	royaume de moi	maintenant
				= *amin'ny*			

= litt. "Car ceux qui observent mes lois dans le royaume maintenant sont faits par moi avoir leur part" c.à.d. "J'agirai de telle sorte que ceux qui observent maintenant mes ordonnances dans l'Etat seront comblés" (CALLET: 710).

La Phrase active correspondant à cet énoncé met en jeu deux actants, tels qu'en structure syntaxique *aho* y occupe la position de sujet "causateur" et *izay mahatàna...izao* celle de sujet "causé" -interprété ici comme siège plutôt qu'agent du procès "causé". Cependant le sort réservé à ces deux actants dans l'énoncé V.4. dépend aussi de la voix passive qui s'y manifeste sur le préd.1: *atao*. Car la tournure passive ainsi choisie a pour effet d'avancer le suj.2. du schéma structurel (*izay mahatàna...izao*) jusqu'à l'installer dans la position de sujet pour l'hyper-Phrase entière -non sans repousser l'ancien suj.1 (*aho*) dans la position d'agent suffixé auprès de la forme passive *atao*:

Aho	**manao**	**izay**	**mahatàna...**	**mananjara**
> izay	**mahatàna...**		**atao-ko**	**mananjara**

= "Ceux qui observent mes ordonnances sont faits par moi être heureux".

On reconnaît là une tendance bien connue de la langue malgache à ranger l'ensemble d'une Phrase complexe, autant que possible et grâce à l'emploi d'une voix passive de toutes façons préférée, sous un sujet dominant unique.

Mais des énoncés existent qui diffèrent de V.4. en ce qu'ils comportent cette fois trois actants au lieu de deux: tels V.6. et V.7. Ces deux énoncés ont été produits par des locuteurs malgachophones, lesquels mis en présence de V.5. en ont donné spontanément, avec V.6. et V.7, deux reformulations présentant dans la position du préd.1 la forme passive de *manao*. Voici d'abord comment le *Tantara ny Andriana* présente l'installation des douze résidences royales:

V.5. Izy	**no**	**vonory**	**ny**	**sy**	**nome'ny**	**tendrombohitra**
	elle	emphatiseur de sujet	rassemblé	par lui	et	donné par lui	colline

ipetrahana:	**tiana**	**tsy**	**hanana**	**alahelo,**	**kanjo**
s'établir circonstanciel	voulu	ne..pas	avoir futur	chagrin	mais

entina	**mampandry...**	**ny**	**fanjakana**
utilisé	pacifier	le	royaume

= litt. "Elles (= les épouses royales) furent rassemblées et gratifiées par lui (= le roi) de collines où s'établir: elles n'étaient pas voulues avoir du chagrin, mais elles étaient utilisées pour pacifier le royaume" c.à.d. "Il (= le roi) les (= les épouses) groupa et leur donna les sommets des montagnes pour y résider. Il ne voulait pas leur faire de chagrin; mais il les faisait contribuer à pacifier le pays" (CALLET: 715).

Note sur le contexte historique. Le roi Andrianampoinimerina (mort en 1810) installa ses douze épouses en autant de résidences, situées chacune sur l'une des douze collines s'élevant sur le sol de l'Imerina. Le réseau de résidences royales qu'il construisait ainsi devait l'aider à maintenir son autorité sur le pays.

L'état des choses dans le monde, tel que le décrit le narrateur deV.5, comporte en fait trois niveaux:
1. La situation que l'on souhaite voir instaurée à l'issue des événements narrés, à savoir: *Mandry ny fanjakana* = "Le royaume est en paix".
2. L'influence productrice de paix qu'étendent sur le royaume les épouses royales par le fait de leur installation sur les douze collines.
3. L'action factive qu'exerce le roi sur ses épouses en les distribuant d'autorité sur le réseau des douze résidences.

L'ensemble du scénario met donc en jeu trois participants, lesquels assument autant de rôles sémantiques
- Le royaume est le siège de l'état "être en paix" .
- Les épouses sont par leur présence la cause proche, immédiate de la paix.
- Le roi par la décision qu'il impose aux épouses est la cause directe de leur établissement sur les douze collines et de ce fait, la cause distante, médiate de la paix assurée au royaume.

Telle étant la situation que la langue doit coder en attribuant à chaque rôle une position syntaxique, ce sont donc trois fonctions qui doivent former construction avec le Verbe *manao*. Des deux formulations proposées par nos informateurs malgachophones pour répondre à cette exigence, voici la première:

V.6. Nataon'   **ny**   **mpanjaka**   **mandry**   **fahizay**   **amin'ny**
fait par   le   roi   être en paix   durablement   par   le
passé

alalan'   **ny**   **vehivavy**   **ny**   **fanjakana**
moyen de   le   épouse   le   royaume

= litt. "Le royaume fut fait par le roi être durablement en paix par le moyen des épouses".

La solution adoptée ici consiste à extraire du noyau de Phrase le Nom *ny vehivavy* correspondant au rôle sémantique de la "cause immédiate", pour le reléguer en position périphérique de circonstant; et à construire le noyau avec les actants *ny mpanjaka* et *ny fanjakana*. Le schéma alors sous-jacent:

106

Nanao	**mandry**	**ny fanjakana**	**ny mpanjaka**
préd.1	préd.2	suj.2	suj.1

se trouve enfin retouché par l'usuelle passivation, et la remontée consécutive du suj.2 jusqu'à la position de suj.1 dominant -avec le résultat effectivement attesté en V.6. On notera qu'en ce type de Phrase V.6. le préd.2 garde la faculté de se réaliser librement soit par un actif soit par un passif -ce dernier cas pouvant trouver par exemple son illustration en:

Nataon' ny mpanjaka	**ho vonoin'**	**ny miaramila**	**ny fahavalo**
fait par le roi	être tué par le soldat		le ennemi
passé	futur		

= litt. "Les rebelles furent faits par le roi être tués par les soldats".

En définitive, par son dispositif syntaxique l'énoncé V.6. donne forme grammaticale à l'information contenue dans *entina*, suivant laquelle les épouses ne jouent dans cette affaire d'autre rôle que celui d'un instrument, utilisé dans un projet qui ne leur réserve aucune initiative proprement factive.

La seconde formulation proposée suit de plus près la construction V.5:

V.7. Nataon'	**ny**	**mpanjaka**	**mampandry**	**ny**	**fanjakana**
fait par	le	roi	mettre en paix	le	royaume
passé					

ny	**vehivavy**
le	épouse

= litt. "Les épouses furent faites par le roi pacifier le royaume".

Comme le fait V.5. et à la différence de V.6, cet énoncé réintègre le Nom *ny vehivavy* dans le noyau de Phrase. De V.7. à V.5. subsiste toutefois cette différence qu'auprès d'un Verbe aussi fortement agentif que *manao* (*atao*) le locuteur sera plus porté à expliciter l'agent; et sans doute n'est-ce pas simple hasard s'il profite de la reformulation V.7. pour ajouter l'agent suffixé (*nataon'*) *ny mpanjaka*, dont la mention n'avait pas paru nécessaire en V.5. pour accompagner *entina*. V.5. et V.7. s'accordent en revanche sur la forme *m-amp-andry* que revêt leur préd.2. Rappelons que le Nom *ny vehivavy* installé en position de suj.1 dénote la "cause immédiate" du procès "causé": ce sont les épouses qui par leur lieu de résidence font le royaume "être en paix" . Or il suit de là que ce préd.2 revêt nécessairement la forme d'un Verbe causatif. Et ainsi s'oppose ,
- à V.6. ayant pour suj.1 *ny fanjakana* et pour préd. "causé" *mandry*,

- l'ensemble V.5-V.7. ayant pour suj.1 *ny vehivavy* et pour préd. "causé" *m-amp-andry* . Cette organisation, remarquons-le, ne laisse pas au préd.2 la latitude de se réaliser par la voix passive, comme peut le faire le préd.2 de la construction V.6 (selon l'exemple *Natao ho vonoina ny fahavalo* ci-avant).

Les constructions à V1 factif et riches de trois actants se prêtent à deux remarques en guise de conclusion.

1) Chacun des trois rôles sémantiques peut accéder à la position de suj.1:

- Le "causateur médiat" (le roi) sous condition que le V1 se réalise par la voix active *manao*: *Manao mandry ny fanjakana ny mpanjaka*

- Le "causateur immédiat" (les épouses) et le "siège du procès causé" (= le royaume) sous condition que le V1 se réalise par la voix passive *atao*, comme

  Natao mampandry ny fanjakana ny vehivavy en V.7.

  ou *Natao mandry ny fanjakana* en V.6.

Cette apparente égalité quant à l'accession à la position de suj.1 n'en couvre pas moins une réelle dissymétrie, en ceci que des trois Noms impliqués, deux seulement peuvent figurer à l'extérieur du noyau de Phrase, soit, les deux "causateurs", "immédiat" et "médiat":

- Les épouses, comme *Natao mandry amin'ny alalan'ny vehivavy ny fanjakana* en V.6.

 - Le roi, dans l'une ou l'autre des solutions envisageables:

  Nataon'ny vehivavy mandry araky ny baikon' ny mpanjaka ny fanjakana
  = litt. "Le royaume fut fait par les épouses être en paix selon l'ordre du roi"

  ou *Nanao mandry ny fanjakana araky ny baikon'ny mpanjaka ny vehivavy*
  = "Les épouses firent…"

Alors qu'en revanche le "siège du procès causé" (= le royaume) reste nécessairement en position interne dans le noyau de Phrase. De façon paradoxale, la syntaxe traite ainsi le moins <agentif> parmi les trois rôles comme l'actant le plus solidement établi au centre de la Phrase.

2) Dans toute hyper-Phrase qui met en oeuvre deux Verbes causatifs dont l'un (*manao*) est tel par son sens lexical et l'autre (*m-amp-andry*) par son infixe, le premier semble plus naturellement affecté à la position de préd.1 "causateur" et le second à celle de préd.2 "causé"; ce qui revient à dire que *manao* se combine plus facilement avec le suj.1 "causateur" -c'est-à-dire syntaxiquement dominant- qu'avec le suj.2 "causé". Et de fait, parmi les dispositifs a) et b) ci-après, tous deux grammaticalement acceptables, les malgachophones consultés préfèrent nettement a):

a) *Nanao ny vehivavy mampandry ny fanjakana ny mpanjaka*
  V1   V2

=" Le roi fit les épouses pacifier le royaume",

selon l'ordre de dominance hiérarchique (et de succession linéaire) *manao> mampandry*

b) *Nampanaiky ny vehivavy manao mandry ny fanjakana ny mpanjaka*
      V1   V2
= "Le roi persuada les épouses de faire le royaume être en paix",
selon l'ordre de dominance hiérarchique (et de succession linéaire) *m-amp-anaiky > manao.*
Il semble ainsi que dans l'usage de la langue le Verbe qui explicite le "faire" par le moyen de son lexème jouisse d'une préséance par rapport aux causatifs affixés.

En tant que Verbe de plein exercice capable de soutenir plusieurs types d'organisation syntaxique, *manao* intervient aussi, d'une certaine manière, dans la construction relative.

2. *Manao izay hampatanjaka anao*: une construction relative. Existe-t-il une construction articulée autour d'un pronom relatif qui intéresse, à travers la syntaxe de *manao*, l'expression de la causativité ? Sans doute. Elle ne requiert toutefois qu'une étude rapide, car son principal intérêt réside hors d'elle-même, dans ce *manao izay* "faire en sorte que…" (objet du § 3 ci-après) dont elle nous ouvre la compréhension. Notre visite à la construction relative procédera donc en trois courtes étapes.

2.1. Il est facile de constater qu'une P2 introduite par *izay* peut se trouver en dépendance syntaxique d'un Verbe gouverneur -quelle que soit la qualité sémantique de ce V1, soit prospectif comme en V.8, soit conatif comme en V.9, soit factif comme en V.10.

V.8. Dia	**very**	**hevitra**	**mihitsy**	**izy**	**tamin'izay,**	**ka**	**tsy**
alors	perdu	esprit	tout à fait	il	lors de ceci	et	ne..

hita-ny	**intsony**	**izay**	**hatao**
vu par lui	..plus	ce que	être fait
			passif, futur

= litt. "Alors il fut tout à fait embarrassé dans cette circonstance, et il ne voyait plus ce qui pourrait être fait" (SIMS, *Nahazo vady avy tany an-danitra*: 80. Traduction personnelle).

L'expression revient de façon récurrente dans ce recueil de contes, ainsi *Tsy hita-ko izay hatao* = "Je ne vois pas ce qui peut être fait" (SIMS, *Ifaranomby sy ny andevokeliny*: 140).

V.9. Mitady	**izay**	**hanasitranana**	**ny**	**marary**	**ny**	**mpitsabo**
chercher	ce qui	guérir	le	malade	le	médecin
		circonstanciel, futur				

= "Le médecin cherche ce qui pourra guérir le malade".

V.10. Izay　　　**h-amp-atanjaka**　　　**anao**　　　**re**　　　**aloha ,**
　　ce qui　　　　　rendre fort　　　　　toi　　　　(particule)　　d'abord
　　　　　　　　　　futur

Rasendrasoa,　　　　**atao**
N propre　　　　　　　　fait

= litt. "Ce qui te rendra forte, Rasendrasoa, c'est bien ce qui est fait d'abord"
c.à.d. "On fait d'abord ce qui pourra te rendre tes forces" (BARIJAONA: 54).

2.2. De ces trois énoncés le dernier intéresse notre recherche présente, par le dilemme qu'il ouvre, d'identifier sa construction soit comme la construction relative *Manao + (izay + V2)* = "Il est fait (par nous) ce qui te rendra tes forces"; soit comme la construction conjonctive *(Manao izay)* + P2 = "Nous faisons en sorte que…" (commentée au § 3. ci-après). Or V.10. forme série avec les énoncés V.8. et V.9: comme eux et comme toutes les Phrases de pareille structure, il comporte bel et bien un pronom relatif. Pour preuves:
1) *Izay* occupe une position syntaxique en P2 -à savoir, celle de sujet du V2:
　　izay atao = "ce qui pourra être fait"
　　izay hanasitranana = ce qui pourra guérir le malade" ("circonstant"-sujet du circonstanciel)
　　izay hampatanjaka anao = "ce qui te rendra tes forces".
En conséquence et pour confirmer: c'est avec le V2 que *izay* forme une construction, capable de se déplacer comme un ensemble solidaire, au plus loin du V1, vers l'initiale de l'hyper-Phrase -comme fait précisément en V.10 (*Izay hampatanjaka) atao.*
2) En général tout pronom relatif fonctionne en lien avec un lexème nominal contextuellement présent, qui lui fournit la référence dont lui-même est chargé. Il est vrai qu'en V.8, V.9. et V.10. ce dispositif normal ne semble pas en place puisque le relatif ne tire cette fois sa référence que du préd.2 dont il est le propre sujet. Cet état de choses, dont on verra plus loin la réalité et la conséquence (au § 2.3), n'empêche pourtant qu'en ces mêmes énoncés où le terme porteur du référent de *izay* ne se manifeste pas, celui-ci existe au moins à l'état virtuel. Ce terme apparaît en effet:
- Soit en réponse à une possible question qui le vise directement, ainsi à partir de V.10:
Question. **Inona no hampatanjaka anao ?**
= "Qu'est-ce qui te rendra tes forces ?"
Réponse. **Fitsaboana tsara no hampatanjaka ahy** = " Ce sont de bons soins qui me rendront mes forces".
- Soit sous la forme d'un substantif, qu'il est toujours possible d'adjoindre à *izay*, ainsi à partir de V.9:

Mitady izay fanafody (mety) hanasitranana ny marary ny mpitsabo
= "Le médecin cherche <u>le médicament</u> qui pourra guérir le malade".

Le caractère restituable de l'antécédent porteur de la référence fait toute la différence entre le *izay* de V.8-V.10. dont il confirme la nature relative, et cet autre *izay* qui est partie intégrante de l'expression *manao izay...* "faire en sorte que...": ce dernier ne saurait être ni questionné ni identifié par l'adjonction d'un substantif explicitant, parce que dans son cas la notion même de référent manque tout simplement de pertinence.

3) Enfin *izay* tel qu'il intervient en V.8-V.10. admet en principe la substitution par un *ilay* dont le fonctionnement relatif ne fait pas de doute; ou par un *ny* capable (comme le fait *izay*) de substantiver la P2 qu'il introduit pour l'insérer dans une position actancielle auprès du V1. Substitution non toujours effective, il est vrai –qui reste par exemple sémantiquement inopportune en V.8. où le relatif syntaxique *izay* requiert une interprétation interrogative; mais qu'on ne peut exclure de V.10:

Ny hampatanjaka anao atao
= litt. "Il est fait ce qui te rendra forte".

2.3. De telles Phrases relatives ont-elles quelque chose à voir avec les constructions causatives qui font l'objet de cet ouvrage ? Elles ne réalisent certes pas le schéma syntaxique (sujet "causateur" + prédicat "causateur", etc...). Mais pour le sens du moins, le dispositif qu'elles mettent en place conduit jusqu'au seuil du domaine causal. C'est en V.10. que les pièces de ce dispositif achèvent de se mettre en place. De fait:

- Le V2 s'y trouve presque toujours au futur -un futur potentiel ouvrant une perspective sur le résultat attendu; et abrite souvent un affixe causatif, par où s'exprime le processus causal à l'oeuvre pour produire effectivement ce résultat, ainsi *h-**amp**-atanjaka* en V.10. ou ***maha**-soa* en:

V.11. Atao-ntsika	**izay**	**maha-soa**	**io**
fait par nous	ce qui	faire bien	celle-ci

= litt. "Ce qui lui fait du bien est fait par nous" c.à.d. "Nous faisons ce qui contribue à son bien" (SIMS, *Zazavavy soa nanjary osy*: 104. Traduction personnelle).

- Dans le constituant *izay* nous avons reconnu à l'instant un relatif -comme tel, nécessairement associé à un référent. Or s'il est vrai qu'en des énoncés du type V.8-V.10. *izay* peut recueillir en certains cas un contenu référentiel, comme *fitsaboana* ou *fanafody* cités plus haut, il reste qu'en l'absence d'une telle possibilité ce contenu se réduit à n'être autre que celui même de la P2 que *izay* précisément introduit: "faire ce qui te rendra tes forces", c'est "faire ce qui est capable de…" et qui s'identifie uniquement par cette capacité.

Une P2 ainsi constituée par *izay* + V2 (futur ou/et morphologiquement causatif), telle que *izay hampatanjaka anao,* contient donc tous les éléments signifiés par où s'exprime le résultat espéré de l'activité déployée par l'agent dominant.

- Il suffit alors qu'en position de V1 s'installe un Verbe fortement agissif pour que se complète un énoncé de valeur causative. Ce qui est moins le cas des prospectifs ou conatifs (voir toutefois V.14. à V.16. en 3. ci-après) que celui des factifs. Car en V.10. la relation de *manao* à sa P2 *izay hampatanjaka anao* est bien celle d'une activité causatrice à son effet attendu. Il existe ainsi des énoncés régulièrement formés qui en dehors de toute syntaxe causative n'en sont pas moins reçus comme des causatifs sémantiques.

Mais ne se peut-il qu'un tel dispositif sémantique vienne à s'intégrer dans la grammaire de la langue ? Et la construction relative ne serait-elle pas, par un effet de grammaticalisation, l'origine de l'expression *manao izay…* = "faire en sorte que…" ?

3 .*Manao izay hanala henatra ahy*: une construction conjonctive.

3.1. Il est un point critique au-delà duquel *izay* cesse d'appartenir à la catégorie des relatifs -un point facile à repérer au moyen des critères établis en 2.2. ci-avant. Soit l'énoncé:

V.12. Ami-ko	**koa**	**izy**	**dia**	**nanao**	**fatratra**
envers moi	aussi	elle	(connecteur)	faire passé	tout à fait

izay	**hanala**	**henatra**	**ahy,**	**tahaka**	**ny**
?	ôter futur	gêne	à moi	comme si	

izaho	**no**	**vahiny**
je	emphatiseur de sujet	invité

= "A mon égard aussi, elle (= notre invitée) fit bien en sorte de lever ma gêne, comme si c'était moi l'invité" (ANDRAINA 1975: 11).

Nul référent actuel ni virtuel n'y peut être attribué (selon le critère 2) au constituant *izay*. Ce dernier n'admet (selon le critère 3) aucune substitution par *ilay* ou par *ny*. Surtout, *izay* n'occupe (selon le critère 1) aucune position syntaxique en P2. De fait, la fonction suj.2 se montre parfois assumée par un constituant autre que *izay*, comme elle l'est en V. 13. par le Nom *romoromony*

-de sorte que le *izay* co-présent ne trouve plus aucune position à occuper dans une P2 syntaxiquement complète sans lui:

V.13. Aza   **mandrava**   **trano**   **mafy,**   **ka**
ne..pas   démolir   maison   solide   et ainsi
interdiction

mitady   **izay**   **romoromony**   **hataina**
chercher   ?   débris   être brûlé
                                                        futur

= litt. "Ne démolis pas une maison solide en cherchant à faire que ses débris soient brûlés" c.à.d. "Ne détruisez pas une maison solide pour avoir quelque chose à brûler" (HOULDER: 694).

Or aucune différence en fait de schéma syntaxique ne sépare V.12. de V.13 -ces deux énoncés ne se distinguant que par le phénomène d'ellipse qui en V.12. vide la position suj.2 devant *hanala*. Dans ce cas V.12. en effet les deux Verbes *nanao* et *hanala* possèdent le même sujet *izy*, explicité une première fois devant *nanao* puis réalisé auprès de *hanala* par un espace vide -lequel n'en occupe pas moins en P2 une position existante:

Izy   **(dia)**   **nanao izay**   **O = izy**   **hanala henatra**
= elle   fit en sorte que   elle   ôte ma gêne

Il apparaît alors qu'entre la construction relative de V.10. et la construction *manao izay* en V.12. il ne s'est produit rien de moins qu'un basculement de structure syntaxique. Dès lors que *izay* cesse de fonctionner comme un pronom relatif présent en P2, pour former avec *manao* l'expression subordonnante *manao izay* gouvernant une P2 syntaxiquement complète, c'est d'une autre analyse que relève en effet l'hyper-Phrase entière:

Construction relative en V.10:

Izahay (dia)   **manao**   **//**   **izay**   **hampatanjaka anao**
suj.1   préd.1   suj.2   préd.2

Construction conjonctive en V.12:

Izy (dia)   **nanao izay**   **//**   **O = izy**   **hanala henatra**
suj.1   expression conjonctive   suj.2   V subordonné
                subordonnante

Pour être une rupture syntaxique, ce basculement n'exclut toutefois pas la coexistence de *manao izay* + P2 = "faire en sorte que..." avec *manao // izay* ...= "faire ce qui...". Les deux constructions subsistent simultanément dans la langue, et le locuteur choisit l'une ou l'autre au cas par cas, suivant le message qu'il souhaite encoder. S'il se pose une question de fracture, celle-ci concerne plutôt la relation entre les divers groupes de Verbes aptes à occuper la position de préd.1, et peut s'exprimer ainsi: un basculement qui affecte au premier chef un Verbe aussi typiquement factif que *manao* brise-t-il de ce fait la continuité entre les factifs et les (prospectifs + conatifs) ? A cette question la réponse se formule en termes de *plus ou moins* plutôt que de *oui ou non*. Un Verbe non-factif peut bel et bien verser du côté de *manao-izay...* = "faire en sorte que...". L'exemple V.13. l'a déjà montré, que son conatif *mitady* n'a pas semblé devoir disqualifier pour représenter de façon exemplaire la construction conjonctive. Les énoncés V.14. à V.16. ci-après confirment cette aptitude par le double témoignage de leur syntaxe -puisqu'*izay* n'y admet ni la substitution par *ilay* ou *ny* (suivant le critère 3) ni d'autre référent que le contenu signifié de la P2 (suivant le critère 2); et de leur sens car *mihevitra/mitady* y décrivent des activités qui n'ayant d'autre objet que d'atteindre le résultat visé ("réfléchir comment...", "appliquer ses efforts à obtenir...") viennent à toucher de bien près aux valeurs factives.

V.14. Dia	**nilatsaka**	**teny**	**Ambohinierana**	**izy**
alors	descendre passé	là	N propre	il

hihevitra	**izay**	**haha-vary**	**ny**	**heniheny**
réfléchir futur	comment	faire-riz futur	le	marais

= "Alors il (= le roi Andrianjaka) descendit là-bas à Ambohinierana pour réfléchir à la façon de transformer le marais en riz" (CALLET: 238. Traduction personnelle).

V.15. Koa	**indray**	**andro,**	**hono,**	**ity**	**Rafotsibe**	**sy**	**ny**
aussi	un	jour	dit-on	cette	vieille femme (N propre)	et	le

zana-ny	**mba**	**nihevitra**	**izay**	**hahazoan-**	**karena**
enfant de elle	(particule)	réfléchir passé	comment	acquérir circonstanciel futur	argent

= "Aussi un jour, dit-on, Rafotsibe et son enfant réfléchirent à la façon de se procurer de l'argent" (SIMS, *Rafotsibe matin-kiry*: 155. Traduction personnelle).

V.16. Mangata-pary	**iray**	**vany**	**ka**	**mitady**	**izay**
demander-canne à sucre	un	morceau	et	chercher	comment

tsy	**hihavanana**
ne..pas	être en relation amicable: circonstanciel, futur

= "Demander de la canne à sucre, un morceau, et ainsi, chercher à ne plus entretenir de relations amicales" c.à.d. "Demander de la canne à sucre, fût-ce un seul morceau (sc: à celui qui n'en possède pas davantage), et ainsi chercher à casser les relations amicales" (proverbe cité par DEZ 1980, I: 292. Traduction personnelle).

Des factifs aux (prospectifs + conatifs) la différence qui subsiste est plutôt celle du plus au moins, c'est-à-dire réside dans la plus ou moins grande facilité avec laquelle les uns et les autres se rallient à la construction conjonctive. L'observateur engagé dans une lecture extensive de textes malgaches apprend par expérience que *manao izay* sauf exigence contraire du co-texte s'entend normalement "faire en sorte que...", et reconnaît là une expression stockée comme telle par grammaires et dictionnaires; mais qu'à l'inverse *mitady*, et surtout *mihevitra*, s'offrent aux deux interprétations relative et conjonctive, suivant le co-texte et sans qu'aucune des deux se trouve donnée sous une forme lexicalement stabilisée. Au total c'est donc bien le groupe des Verbes factifs, autour du typique *manao izay...* "faire en sorte que..." qui réalise le plus régulièrement la construction conjonctive.

3.2. La construction conjonctive *manao izay* apporte avec elle plusieurs particularités, tant syntaxiques que sémantiques.

a) Après le V1 *manao* seul pris en compte jusqu'ici, le V2 mérite à son tour quelque attention. Car son comportement en tant que Verbe subordonné ne peut manquer de jeter quelque lumière sur la nature de l'effet subordonnant que *manao izay* se montre précisément capable d'exercer. Or c'est un fait que le V2 ne se réalise pas par les mêmes voix verbales selon qu'il apparaît en construction relative ou conjonctive. Le V2 d'une subordonnée relative *manao + (izay + P2)* se trouve à l'actif ou au passif, comme il plaît au locuteur d'organiser la Phrase. Celui d'une subordonnée conjonctive *(manao izay) + P2*, sans exclure l'actif (comme *hanala* en V.12) choisit la forme circonstancielle avec une fréquence qui ne saurait être aléatoire. Ceci, dans tous les cas de figure et quelle que soit la relation sémantique-référentielle entre l' "agent" suffixé au circonstanciel et le suj.1 -que l'un et l'autre renvoient à deux référents distincts comme en V.17. ou au même référent comme en V.18:

V.17. Manaova   **izay**   **hiverena-**   **ny**
faire   en sorte que   revenir   par lui
impératif actif   circonstanciel, futur   agent suffixé

= "Fais en sorte qu'il revienne" (exemple de RAHAJARIZAFY s.d.: § 1285).

V.18. Ka **tapaka** **ny** **hevi-ny** **hanao** **izay**
  et   arrêté   le   décision de lui   faire   en sorte que
                                       futur

hahatongava-ny **faingana** **any** **an-tanàna**
arriver par lui   rapidement   là   à-village
circonstanciel, futur

= "Et il prit la décision d'arriver rapidement au village" (SIMS, *Ny niandohan'ny vonoan'olona*: 72).

En réalité l'explication du circonstanciel, plutôt que dans la sémantique réside dans la syntaxe, c'est-à-dire dans ce fait qu'en malgache les conjonctions subordonnantes gouvernent de façon sinon obligatoire, du moins usuelle la forme circonstancielle. Ainsi *rahefa* + circonstanciel en V.19, *satria* + circonstanciel en V.20:

V.19. Gaga **hatrany** **izahay** **mirahavavy** **rahefa**
  étonné   toujours   nous   être soeurs   quand

itantaran' **i** **Nenibe** **fa...**
raconter par   article personnel   Grand'mère   que
circonstanciel

= "Nous, les soeurs, sommes toujours étonnées quand Grand'mère raconte que..." (RATSIFANDRIHAMANANA 1982, *Lavakombarika*: 11).

V.20. Androm-pifaliana **ami-ko** **anio** **satria**
  jour de joie   pour   moi   aujourd'hui   parce que

nahita-ko **anao**
voir par moi   toi
circonstanciel, passé

= "Aujourd'hui est jour de joie pour moi, puisque je t'ai vue" (RAPATSALAHY: 11).

(et autres exemples: FUGIER 1999:206). L'association habituelle du circonstanciel à *manao izay* trouve donc sa place dans cet ensemble. Elle permet surtout de mesurer le chemin déjà parcouru par cette expression, dans l'état de langue actuel, pour rejoindre le domaine syntaxique des subordonnées conjonctives, et la distance qui s'est creusée d'autant entre les deux constructions, conjonctive et relative, de la même formule *manao izay*.

b) La distance sémantique s'accroît évidemment d'autant. De la construction relative à la conjonctive c'est d'abord la valeur lexicale du Verbe *manao* qui semble s'effacer quelque peu. Le "faire" mentionné en V.10 (en construction relative) désigne l'activité déployée par un agent en vue de "te rendre tes forces". Le signifié attaché à *manao*, qui inclut ici mention du travail et des efforts consentis à cette fin, trouverait aisément d'autres signifiants tels que *mahatanteraka, mahavita, mahefa...* Autant de substitutions que refuse au contraire le "faire" de V.12 (en construction conjonctive). C'est qu'en effet *manao* n'évoque plus cette fois une activité susceptible de recevoir une description indépendante, mais forme avec *izay* un seul bloc sémantique, dont le signifié global "faire en sorte que..." renvoie au résultat obtenu sans s'attarder sur la réalité des efforts mis en oeuvre à cet effet.

Cette insistance sur le résultat produit singularise encore d'une autre façon la construction conjonctive. Comme le montrent les exemples commentés au § 2. ci-avant, toute construction relative comporte des propriétés dont l'ensemble exprime l'effort d'un agent qui se projette vers le résultat visé : V1 prospectif ou conatif (voire factif, comme en V.10), V2 réalisé au futur potentiel ("chercher ce qui pourrait..."). De ce fait, ce type d'énoncés, jusqu'au point où il bascule en construction conjonctive, relève des propositions sémantiquement finales plutôt que causatives. Ce qui constitue toute la différence avec le type "faire en sorte que...", lequel appartient visiblement aux causales consécutives.

4. Pour conclure...

4.1... sur les paragraphes 2-3: le trajet de la causativité.

En définitive, quelle relation entretiennent entre eux les trois groupes de Verbes prospectifs, conatifs et factifs-consécutifs -également aptes, les uns et les autres, à entrer en construction avec *izay* ? Les procès qu'ils désignent respectivement: "envisager le moyen de...", "chercher à...", "faire en sorte que..." peuvent se représenter comme autant de segments sur ce que l'on nommera un trajet de causativité, où ils s'ordonnent suivant la progression:

les Verbes prospectifs	les Verbes conatifs	les Verbes factifs
par exemple: *mihevitra*	par exemple: *mitady*	par exemple: *manao*
expriment une visée	expr. une tension vers	expr. une réalisation

A ce décalage sémantique entre les trois groupes de Verbes correspond celui qui règle leurs aptitudes syntaxiques. Quant à ces dernières, un tableau récapitulatif donnera à voir ce qui les unit et les sépare à la fois. Un bref inventaire de leurs constructions respectives s'impose au préalable pour collecter les matériaux.

Mihevitra, comme dénominatif du Nom *hevitra* "pensée" se comporte d'abord, au plus près de son origine, comme un Verbe déclaratif complété par (*fa* + P2): *Mihevitra fa... izy* = "Il pense que...". Quand ce même Verbe entre d'autre part en construction relative, *izay* requiert là une interprétation plutôt interrogative; ainsi l'énoncé V.14. "Le roi réfléchit à ce qui pourrait transformer le marais en riz" invite-t-il à une paraphrase telle que: "Le roi réfléchit: qu'est-ce qui pourrait transformer le marais en riz ?". Enfin, dernier trait propre à singulariser les prospectifs, leur capacité à basculer vers la construction conjonctive est à coup sûr la plus faible parmi les trois groupes de Verbes considérés -si elle n'est même franchement problématique.

Mitady se démarque du groupe prospectif par son refus de la construction complétive (*fa* + P2). En construction relative, *izay* n'encourage pas au même degré les interprétations interrogatives. Le basculement vers la construction conjonctive se trouve facilitée par la contiguïté sémantique de "chercher comment guérir le malade" (en V.9) à "chercher à guérir le malade". S'ajoute enfin une aptitude propre aux conatifs, remarquable en ceci qu'elle explicite l'orientation finale reconnue à l'instant aux constructions (prospectives et) conatives: la possibilité de gouverner la P2 par la médiation du morphème *mba*. On connaît *mba* comme particule expressive, intervenant hors-syntaxe pour donner voix aux affects du locuteur (RAJAONA 1972: 301, 322; exemples dans RAHAJARIZAFY s.d.: § 273; distinct du *mbà* marqueur d'impératif actif, cf. RAJAONA 1972: 370). On le voit en Phrase simple, accompagner par un souhait d'accomplissement l'événement présenté au temps futur: *Mba ho tanteraka ny teninao !* = "Que ta parole s'accomplisse !" (exemple de RAHAJARIZAFY s.d.: § 1350). Mais surtout *mba* se rencontre en Phrase complexe au point où la P2 réalisée au temps futur s'articule sur son V1 *mangataka* "demander, chercher à obtenir par la prière" en V.21, sur *mitandrina* "veiller à…" en V.22. ou sur *miasa* "travailler (en vue de…)" en V.23:

V.21. Mangataha	**mba**	**hahazo**
demander	pour	obtenir
impératif actif		futur

= "Demandez pour obtenir" (exemple de ABINAL-MALZAC: s.v. *Mba*).

V.22. Tandremo	**mba**	**ho**	**vita**	**tsara**	**ny**	**asa**
veiller	pour	futur	fait	bien	le	travail
impératif passif					

= litt. "Qu'il soit veillé à ce que le travail soit bien fait" c.à.d. "Veillez à ce que…" (exemple de RAHAJARIZAFY 1960: 118).

V.23. Miasa	**mafy**	**aho**	**mba**	**haha-vita-ko**	**haingana**
travailler	fort	je	pour que	faire par moi	vite
			circonstanciel, futur

ity	**raharaha**	**ity**
ce	affaire	ce

= "Je travaille fort en vue de finir vite cette affaire" (exemple de RAHAJARIZAFY s.d.: § 985).

Sans fonctionner ici comme une conjonction dûment grammaticalisée -puisqu'à lui seul le morphème *h(o)-* de futur suffit à placer la P2 en dépendance de P1 (cf. FUGIER 1999: 215), la particule *mba* ne s'en trouve pas moins étroitement associée à *h(o)-*, qu'elle enrichit du sème de "visée intentionnelle".

Quant à *manao (izay...)*, ce V1 exclut à la fois, en tant que <u>factif</u> la construction complétive (*fa* + P2) appropriée aux Verbes déclaratifs, et en tant que factif-<u>consécutif</u> le morphème *mba* porteur d'un signifié final.

L'ensemble des données s'ordonne donc ainsi:

	Fa	*izay* = relatif	*mba*	*izay* = conjonction
Mihevitra	+	? +	-	-
Mitady	-	? +	+	(+)
Manao	-	(+)	-	+

<u>Note pour la lecture du tableau.</u>

? + = la construction relative est admise, mais telle que *izay* peut y recevoir une interprétation interrogative.

(+) = construction attestée, mais non majoritaire sur l'ensemble des occurrences observées.

4.2... et sur l'ensemble du chapitre V. On aura remarqué que dans ce court chapitre beaucoup de choses ne se trouvent pas. *Manao* notamment n'y est pas décrit dans la totalité de ses emplois: manque au moins le sous-ensemble *manao hoe...* = "dire que...", *manao azy ho...* = "le considérer comme..., le traiter de...". De chaque groupe de Verbes: prospectif, conatif et factif, n'a été retenu qu'un représentant typique (*mihevitra, mitady, manao*). C'est que notre projet ne consistait pas à visiter le détail des données empiriques mais à montrer comment, chacun à sa façon et dans sa mesure, ces trois Verbes représentatifs encodent la relation qui va de l'agent "causateur" à l'événement ou état "causé".

Deux constructions simultanément admises servent à cette fin. La construction *manao* (+ pivot) commune aux trois groupes prospectif, conatif et factif (voir les exemples V.1,V.3. et V.4) recèle pourtant une dissymétrie en faveur de ce dernier. Seul en effet un Verbe "faire" tel que *manao* donne le moyen de complexifier l'énoncé par un jeu d'inclusions successives, sur le modèle "Le roi <u>fait</u> les épouses royales <u>faire</u> le royaume être en paix" (voir l'exemple V.7): un dispositif à plusieurs agents emboîtés dont le locuteur se voit libre de choisir l'un ou l'autre pour occuper la position dominante de suj.1, et de réorganiser en conséquence l'ensemble de l'énoncé (voir la Remarque 1. en fin du § 1.3). Quant à la construction relative, s'il est vrai qu'elle concerne globalement les trois groupes prospectif, conatif et factif, cette indistinction ne survit pas au déplacement fonctionnel qui fait du pronom relatif une conjonction, et qui n'exerce son plein effet que sur le Verbe *manao*.

Et avec la construction *manao izay...*, telle qu'elle existe effectivement à l'état stable dans la syntaxe malgache, se trouve complété sous notre regard l'ensemble des constructions causatives disponibles dans la langue. Cet ensemble donne à voir un dispositif complexe fait de décalages et de recouvrements partiels. De fait la construction à pivot embrasse à la fois les formations affixées par *man(a)-, -amp-* ou *maha-* et le Verbe *manao*, qu'elle oppose solidairement à la construction conjonctive *manao izay...*; ce qui n'empêche le Verbe *manao* de participer à lui seul, à côté de cette construction à pivot, à la construction conjonctive. Une conclusion en *Vol d'oiseau* sera donc nécessaire pour achever de mettre en ordre ce matériau linguistique et montrer comment le malgache, en définitive, réussit à encoder la relation causative.

VI. A VOL D'OISEAU

Les études poursuivies chapitre après chapitre sur *man(a)-, -amp-, maha-* et *manao (izay...)* permettent de prendre une vue d'ensemble sur les constructions causatives en malgache. Les résultats de notre recherche se trouveront récapitulés en trois points :

1. Une construction causative se trouve typiquement réalisée par une Phrase, c'est-à-dire dans une structure syntaxique (P1 "causative" + P2 "causée").

2. Au sein de cette structure, les affixes en position de préd.1 tels qu'hérités d'un passé pré-malgache déploient leur jeu de préférences et d'exigences.

3. Les ressources de *manao (izay...)* combinées à celles des affixes complètent enfin, dans la synchronie du malgache standard, un système capable d'exprimer sous différents aspects la notion de "causalité".

Reprenons l'un après l'autre chacun de ces points.

1. La Phrase causative. Le malgache a hérité de son passé pré-historique les affixes qui revêtent dans la langue actuelle les formes *man(a)-, -amp-* et *maha-*. Mais la Phrase proprement causative ne commence qu'avec l'entrée de ces affixes en construction -en l'occurrence, leur entrée dans la position préd.1 prévue par le schéma syntaxique donné dans l'*Ouverture* de cet ouvrage :

Suj.1	préd.1	suj.2	préd.2
"causateur"	"causateur"	"causé"	"causé"

Les trois cas suivants montrent que la présence d'un morphème sémantiquement "causateur", si celui-ci doit rester hors-Phrase, ne suffit pas à faire un véritable affixe causatif.

a) On s'étonnera peut-être qu'au chapitre IV l'élément *miha-* se soit vu rejeté hors de l'étude des constructions causatives. Sa valeur intrinsèque n'est certes pas "causatrice", plutôt une valeur inchoative d' "entrée dans le procès" -fondée toutefois sur ce morphème *-ha-* de "mouvement vers... poussé jusqu'au terme visé" qui en fait un jumeau étymologique de *maha-*. Mais si *miha-* n'est pas compté parmi les affixes causatifs c'est moins par le fait d'un déficit de sens que par sa qualité de co-Verbe, c'est-à-dire d'élément externe ne comptant pas au nombre des constituants qui font la structure de Phrase (voir en IV.1.1.3). *Miha-* montre ainsi à la façon d'un contre-exemple que les affixes -les causatifs comme les autres- ne tiennent leur statut que de leur fonctionnement en Phrase.

b) La présence d'un affixe à valeur "causatrice" ne suffit pas non plus à faire une Phrase causative quand la syntaxe de l'énoncé où il figure ne réalise pas dans son intégralité le schéma de la Phrase causative. L'acquis substantiel du livre de Ch. RANDRIAMASIMANANA (1986) consiste à montrer que toute Phrase causative résulte d'une fusion entre deux Phrases de base -celles que nous avons nommées "causative" et "causée". Mais le suj.2 vient-il à manquer, le préd.2 forme alors avec l'affixe un constituant verbal unique, globalement appliqué au suj.1 et construisant avec ce dernier une Phrase transitive structurellement simple (comme dans l'exemple II.2 *Mamboly fary* = "<u>Planter</u> des cannes à sucre" comparé à II.1 "Le roi fit <u>les ennemis être dispersés</u>"). Tout affixe "causateur" peut produire ainsi un verbe transitif plus ou moins lexicalisé, tel que *m-amp-i-asa* "employer (une servante)" (exemple III.4) ou en interprétation potentielle *maha-ongotra ny ravina* = "Pouvoir arracher les feuilles" (exemple IV.7) -sans fonctionner pour autant comme le préd.1 opérateur d'une Phrase syntaxiquement causative.

c) Enfin un affixe tel que *-amp-* ou *maha-* n'assume pas la fonction de préd.1 "causateur" -c'est-à-dire ne participe pas à la construction d'une Phrase causative- là où il n'est employé qu'en outil morphologique pour faciliter l'existence d'une forme irréalisable sans son aide. Le morphème "réciproque" *-if-* ne réussirait pas à infixer le verbe *midio* sans la médiation de *-amp-* dans la forme complexifiée *m-if-amp-i-dio* "se disculper l'un l'autre" (voir au § III.1. 2. 1°); des léxèmes verbaux intransitifs ne pourraient disposer d'un passif s'ils n'étaient pas préalablement transitivés par *-amp-*, comme :

> *miditra* "entrer" > *mampiditra* "introduire" > *ampidirana* "(être) introduit" dans l'exemple III.32
>
> *mivarotra* "travailler comme vendeur" > *mampivarotra* "faire travailler comme vendeur" > *ampivarotina* "être employé comme vendeur" dans l'exemple III.33.

Tandis qu'en sens inverse *maha-* ne préfixe parfois tel Adjectif sémantiquement passif que pour lui fournir une contre-partie active (voir *azo* "pris, reçu" > *mahazo* "prendre, recevoir" en IV.2.1, *Remarque 3*).

Il est donc vrai qu'en de telles (rares) occasions la langue malgache tire parti à des fins détournées des affixes sémantiquement "causateurs". Ce qui n'empêche évidemment que ces derniers aient pour fonction normale et régulière celle de préd.1 dans le schéma d'une Phrase causative -et c'est donc à ce titre qu'il nous reste à les considérer pour mener à son terme cette conclusion récapitulative.

2. Le jeu des affixes. Les descriptions étirées au long des chapitres II-III-IV ont laissé voir quelle variété de relations entretenaient les différents affixes à l'intérieur de la Phrase causative: relations concernant à la fois le préd.2, la P2 dans son ensemble, et la paire des deux sujets "causateur" et "causé". Or la combinaison d'ensemble qui fait de ces constituants divers une structure, loin d'être fortuite trouve une certaine intelligibilité si l'on s'attarde un moment à considérer que le comportement de chaque affixe résulte à la fois des contraintes qui l'affectent en propre, et de sa façon caractéristique de mettre en place la relation "faire" comparée à celle des deux autres affixes.

2.1. Il existe des contraintes de nature formelle. La morphologie exige qu'un Verbe causatif (soit : affixe + préd.2) porte en place initiale le *m-* typique de la catégorie verbale. C'est pourquoi l'infixe *-amp-*, dépourvu par lui-même d'un tel morphème, se combine nécessairement avec un prédicat capable de fournir cet indispensable *m-* : c'est-à-dire avec les formes verbales/adjectivales en *m-/ma-/mi-/man-/maha-*, à l'exclusion des Noms et Adjectifs radicaux (voir au § III.1.1.2, avec les exemples III.1, III.2 et III.3).

Le préfixe *maha-* échappe pour sa part à une telle contrainte morphologique puisque son *m-* initial lui appartient intrinsèquement (voir en IV, la *Remarque* précédant la *Conclusion du §1.1*); mais en rencontre une autre, de nature cette fois distributionnelle. Car en *maha-* coexistent en fait deux préverbes homophones, qui composent respectivement les verbes potentiels et causatifs (voir au § IV.1.2); or *maha- potentiel*, de par son sens "pouvoir (faire…)", se combine naturellement avec des radicaux verbaux (comme *maha-teny* "pouvoir parler" dans l'exemple IV.9); de sorte que pour détourner le destinataire du message d'une interprétation potentielle inopportune, le locuteur désirant formuler une Phrase causative évitera, pour ce faire, d'associer *maha-* à un radical verbal : c'est pourquoi le préfixe causatif *maha-* ne précède que par exception des radicaux verbaux (voir les exemples IV.15, IV.16 et IV.17, avec leur commentaire), mais de façon normale des Noms et Adjectifs.

Quant au préfixe *man(a)-*, apparemment exempt de contraintes, il se trouve associé librement à toute catégorie, tant nominale qu'adjectivale ou verbale (voir au § II.2, juste avant le titre II. 2.1).

2.2. De par son origine pré-malgache et sa valeur littérale, chaque affixe met aussi en oeuvre un mode de "faire" qui le caractérise en propre.

Le Verbe causatif à préfixe *man(a)-*, en tant que *directif* selon Ch. RANDRIAMASIMANANA (1988: 219), exprime l'activité efficace d'un "agent causateur" qui amène le "sujet causé" à la situation d' "être un ami" (*mana-sakaiza* dans l'exemple II.7), d' "être difficile" (*mana-sarotra* dans l'exemple II.5) ou de "partir" (*man-ala* et autres exemples sous le titre II.2.2.2). Le référent de ce suj.2 apparaît en l'affaire comme un simple associé au procès qu'impulse le suj.1 plutôt que comme un véritable co-agent (voir en II.3.c); cependant que le sujet "causateur", gardant maîtrise sur l'ensemble de l'opération, joue fermement le rôle de repère à la tête de la chaîne causale (cf. LANGACKER II, 1991 : 410).

Avec *-amp-*, c'est un autre mode de "faire" qui se met en place. L'impulsion agentive née du sujet "causateur" ne produit cette fois ses effets que par la médiation du sujet "causé" . Bien nommé *manipulatif* (RANDRIAMASIMANANA 1988 : 219), le Verbe infixé par *-amp-* organise les relations entre "causateur" et "causé" . Au "causateur" <+agentif> s'associe, voire s'oppose le "causé" (voir au § III.2.1). Mais surtout avec le "causateur" <-agentif> (c'est-à-dire le *-amp- 3* de III.2.3) s'installe une configuration sémantique porteuse d'une notion de "cause" inédite, en ceci que la Phrase causative à infixe *-amp-* n'exprime plus la relation d'un effet à sa cause antécédente, mais bien celle d'une situation donnée (exprimée en P2) à la circonstance simultanément présente (exprimée par le suj.1) qui en rend compte ou la justifie. De fait, c'est bien ainsi que *-amp-* rapporte :

- dans l'exemple III.21, par *mampiteny*, la situation "vous parlez ainsi" à la circonstance explicative "ceci" (c'est-à-dire "votre ignorance de mes souffrances morales").
- dans l'exemple III.27, par *mampanao*, la situation "on créa l'institution des *velondraiamandreny"* à la circonstance justificative "ceci" (c'est-à-dire la nécessité religieuse d'entourer le roi d'un symbolisme de vie).

Il se manifeste là une sorte de loi suivant laquelle le caractère <-agentif> du suj. "causateur" écarte une interprétation de type "cause > effet" au profit d'une lecture explicative.

La Phrase causative à préfixe *maha-* et suj.1 <-agentif> produit de même des configurations sémantiques où le contenu référentiel du suj.1 explique ou explicite la situation "causée", en instaurant une relation
- de constituance dans l'exemple IV.28 "Les racines et le tronc font l'arbre être un Arbre"
- d'identification dans l'exemple IV.29 "Le *fanahy* fait les hommes être des Hommes"
- de désignation dans l'exemple IV.35 "Ce qui faisait Andriamanana être roi et être malgache".

Les différents affixes causatifs du malgache, tous en position de préd.1 dans le même schéma syntaxique, n'en réussissent donc pas moins à créer dans la Phrase des relations "faire" couvrant un assez large éventail d'interprétations sémantiques. L'éventail achève de s'ouvrir par le fait que *manao (izay...)* vient s'adjoindre aux affixes.

3. Le "faire" et la cause. Dans le malgache tel que nous le connaissons par des textes écrits depuis le XIXe siècle –du *classique ancien* à l'actuel malgache standard- la série des affixes causatifs se présente enrichie d'une unité supplémentaire : le Verbe qui signifie proprement "faire", soit : *manao*. De fait, *manao* dans l'exemple V.6 occupe exactement la même position syntaxique de préd.1 que ferait à sa place soit *man(a)-*, soit *-amp-*, soit *maha-* :

Nanao	*nandry*	*ny fanjakana*	*ny mpanjaka*
préd.1	préd.2	suj.2	suj.1

Manao semble même disposer d'un plus haut degré de force sémantique qu'aucun des affixes, au jugement des locuteurs malgachophones qui préfèrent la séquence :

- *Manao (ny vehivavy) mampandry (ny fanjakana)* = "Faire (les épouses) pacifier (le royaume)"
à la séquence:
- *Mampanaiky (ny vehivavy) manao...*

Mais *manao* ne se comporte pas seulement en préd.1 commutable avec n'importe quel affixe "causateur" . De par sa capacité d'admettre, comme tout Verbe transitif, un c.d. lui-même réalisé par une Phrase relative *izay...* ("Faire ce qui lui fait du bien" dans l'exemple V.11), il bascule à partir de cette construction relative vers une structure de Phrase conjonctive *manao izay...* = "Faire en sorte que..." ("Elle fit en sorte de lever ma gêne" dans l'exemple V.12). Le malgache se trouve de ce fait enrichi d'une construction, telle que ce *manao izay...* replacé au terme d'une série de Verbes prospectifs > conatifs > factifs (voir aux § V.3.1 et V.4.1) porte la valeur nettement consécutive d'un procès accompli de telle sorte que (le résultat soit effectivement produit).

Ce livre n'entendait pas traiter dans toute son extension de l'expression de la cause en malgache. Le cas des relatives avec l'exemple V.11 montre assez qu'une conception de la cause (en l'occurrence, la cause finale : "faire ce qui provoquera telle situation souhaitée") peut s'exprimer dans une structure grammaticale autre que celle de la Phrase causative. Cependant, même dans le cadre limitativement tracé de la Phrase syntaxiquement causative, plusieurs conceptions du "faire" ont trouvé leur expression -du directif ou manipulatif au franchement consécutif; de sorte que la diversité de ce que nous avons nommé *les modes du "faire"* révèle à elle seule des façons de dire la causalité qui débordent largement la banale relation de l'effet à sa cause antécédente, et nous apprend quelque chose sur les conceptions de la cause inscrites dans la langue malgache .

REFERENCES

Abinal, **A.** et **Malzac**, **V.**,1993. *Dictionnaire malgache-français*. Paris: Editions maritimes et d'Outre-mer (l. éd. 1888).

Alsina, **A.**, 1992. "On the argument structure of causatives". *Linguistic inquiry*, 23, 517-556.

Andraina, **A.**, 1998. *I Vola*. Antananarivo: Librairie mixte (1. éd. 1975).

Andraina, **A.**, 2000. *Mitaraina ny tany*. Antananarivo: Librairie mixte.

Andriamalala, **E.D.** 2000. *Ranomasina*. Antananarivo: Librairie mixte (1. éd. 1937).

Andriamanantsilavo, **S.** et **Ratrema**, **W.**, *Ny fitsipi-pitenenantsika, vol.* I. Antananarivo.

Andrianierenana, **C.L.**, 1996 a. *Phrases à opérateur affixal man(a)-*. Thèse III° cycle, Université d'Antananarivo.

Andrianierenana, **C.L.**, 1996 b. "Morphological causatives in Malagasy". In: **Pearson**, **M.** et **I. Paul** (ed.), 58-75.

Atmosumarto, **S.**, 2003. *Indonesian. The complete course for beginners*. London-New York: Routledge (1. éd. 1994).

Barijaona, **Z.**, 2000. *Navalona*. Antananarivo: Editions *Saloha*.

Beaujard, **Ph.**, 1998. *Dictionnaire malgache-français. Dialecte tanala, sud-est de Madagascar. Avec recherches étymologiques*. Paris: L'harmattan.

Callet, **F.**, 1981. *Tantara ny Andriana teto Madagasikara*. Traduction par G.S.Chapus et E.Ratsimba. Antananarivo: Editions de l'Académie malgache (1. éd. 1873 à 1881).

Comrie, **B.**, 1990. "Causative verb formation and other verb-deriving morphology". In: T.Shopen (ed.), 309-348.

Comrie, **B.** et **M. Polinsky** (ed.), 1993. *Causatives and transitivity. Festschrift for Vladimir P. Nedyalkov on his 75th birthday*. Amsterdam-Philadelphia: Benjamins.

Couper-Kuhlen, **E.** et **Kortmann**, **B.** (ed.), 2000. *Cause, condition, concession, contrast. Cognitive and discourse perspectives*. Berlin-New York: Mouton-De Gruyter.

Dahl, **O.C.**, 1951. *Malgache et maanjan. Une comparaison linguistique*. Oslo: Egede Instituttet.

Délivré, **A.**, 1974. *L'histoire des rois d'Imerina. Interprétation d'une tradition orale*. Paris: Klincksieck.

Desclés, **J.P.**, 1996. "Appartenance/inclusion, localisation, ingrédience et possession". *Faits de langues*, 7, 91-100.

Dez, **J.**, 1980. *La syntaxe du malgache*, 2 volumes. Paris: Champion.

Domenichini-Ramiaramanana, **B.**, 1977. *Le malgache. Essai de description sommaire*. Paris: SELAF.

Ferrand, G., 1909. *Essai de phonétique comparée du malais et des dialectes malgaches*. Paris: Geuthner.

***Firaketana** ny fiteny sy ny zavatra malagasy, avoakan' ny Mpiadidy ny Fiainana sy ny namana maro eran'ny Nosy*, 1937 à 1973, 271 fascicules. Antananarivo: Fiainana.

Fodor, J.A., 1970. "Three reasons for not deriving "kill" from "cause to die". *Linguistic inquiry*, 1, 429-438.

Fugier, H., 1999. *Syntaxe malgache*. Louvain-la-neuve: Peeters.

Fugier, H., 2004 a. "La préfixation du prédicat dans une langue multi-prédicative: l'exemple du préfixe *maha-*. "*Faits de langues*, 23-24, 249-269.

Fugier, H., 2004 b. "Structures corrélatives en malgache". *Etudes Océan indien*, 35-36, 9-29.

Givon, T., 1984 et 1990. *Syntax. A functional-typological introduction*, 2 volumes. Amsterdam-Philadelphia: Benjamins.

Hagège, C., 2001. *La structure des langues*. Paris: PUF (l. éd. 1982).

Haiman, J., 1985. *Natural syntax: iconicity and erosion*. Cambridge: Cambridge University press.

Houlder, J.A., 1960. *Ohabolana ou proverbes malgaches*. Traduction par H.Noyer. Antananarivo: Imprimerie luthérienne (1. éd. 1894 à 1900).

Jackiewicz, A., 1996. "L'expression lexicale de la relation d'ingrédience". *Faits de langues*, 7, 52-62.

Kähler, H., 1965. *Grammatik der Bahasa Indonesia*. Wiesbaden: Harrassowitz (1. éd. 1956).

Keenan, E.L., 1996. "Morphology is structure: a Malagasy test case". In: Pearson, M. et I. Paul (ed.), 92-112.

Kistler, M., 1999. *Causalité et lois de la nature*. Paris: Vrin.

Kriegel, S., 2003. "Grammaticalisation et créoles: un élargissement du concept ?". In: C.Touratier (éd.), 35-57.

Langacker, R.W., 1991. *Foundations of cognitive grammar*. Vol. II, *Descriptive application*. Stanford University press.

Lemaréchal, A., 1996. "Causatif et voix dans les langues des Philippines et de Formose". SCOLIA,7, 129-168.

Lemaréchal, A., 1998. *Etudes de morphologie en f(x)*. Louvain-la-neuve: Peeters.

Lemaréchal, A., 2006. "Quelques remarques sur les rôles sémantiques comme prédicats". *Bulletin de la Société de Linguistique de Paris*, CI/1, 457-471.

Noordman, L.G. et **De Blijzer, F.**, 2000. "On the processing of causal relations". In: E. Couper-Kuhlen et B. Kortmann (ed.), 35-82.

Paul, I., V. Phillips et **L.Travis** (ed.), 2000. *Formal issues in Austronesian Linguistics*. Dordrecht: Kluwer.

Paulhan, J., 1991. *Hain-teny merina. Poésies populaires malgaches, recueillies et traduites par Jean Paulhan*. Antananarivo: Editions *Foi et justice* et Alliance française (1. éd. 1913).

Pearson, M. – Paul, I. (ed.), 1996. *The structure of Malagasy*, vol. I. Los Angeles: UCLA.

Phillips, V., 2000. "The interaction between prefix and root: the case of *maha-* in Malagasy". In: I. Paul, V. Phillips et L.Travis (ed.), 85-104.

Picard-Ravololonirina, H., 2004. "Noms et verbes en malgache: catégories grammaticales et normes de dérivation". *Etudes Océan indien*, 35-36, 51-57.

Rabenilaina, R.B., 1979. "La neutralité de la diathèse en malgache". *Linguisticae inuestigationes*, III/2, 295-321.

Rabenilaina, R.B., 1991. *Le verbe malgache. Constructions transitives et intransitives*. Paris: AUPELF-Paris XIII.

Rabenilaina, R.B., 2001. *Ny teny sy ny fiteny Malagasy*. Antananarivo: SME.

Rahajarizafy, A., 1960. *Essai sur la grammaire malgache*. Antananarivo: Antanimena.

Rahajarizafy, A., 1970. *Filôsôfia Malagasy*. Fianarantsoa: Ambozontany.

Rahajarizafy, A., s.d. *Initiation à la langue malgache dans les lignes (sic) de l'enseignement du R.P.A.Rahajarizafy*. Antananarivo: Scolasticat Saint-Paul.

Rajaona, S., 1972. *Structure du malgache*. Fianarantsoa: Ambozontany.

Rajaona, S., 2004. *Les phénomènes morphologiques. Eléments de morphologie inflexionnelle du malgache*. Antananarivo: Ambozontany.

Rajaonarimanana, N., 1995 a. *Grammaire moderne de la langue malgache. Méthode de malgache*, vol.1. Paris: L'asiathèque.

Rajaonarimanana, N., 1995 b. *Dictionnaire du malgache contemporain*. Paris: Karthala.

Rajemisa-Raolison, R.,1985. *Rakibolana malagasy*. Fianarantsoa: Ambozontany.

Ramaroson, L. et **Giambrone, N.**, 1973. *Teto anivon'ny riaka*. Fianarantsoa: Ambozontany (1. éd. 1960).

Randriamamonjy, F., 2001. *Tantaran'i Madagasikara isam-paritra*. Antananarivo: Imprimerie luthérienne.

Randriamasimanana, Ch., 1986. *The causatives of Malagasy*. Honolulu: University of Hawaii press.

Randriamasimanana, Ch., 1988. "Les causatifs du malgache". *Etudes Océan indien*, 9, 215-222.

Rapatsalahy, P., 1987. *Raharaha 47*. Antananarivo: Editions *Takariva*.

Rasoloarimalala, E., 2000. *Trano rava*. Antananarivo: Fampielezana literatiora loterana (1. éd. 1977).

Ratsifandrihamanana, C., 1982. *Lavakombarika*. Antananarivo: Librairie mixte (1. éd. 1973).

Ratsifandrihamanana, C., 1999. *Ny zanako*, 2 volumes. Antananarivo: Librairie mixte (1. éd. 1996).

Reid, L.A. et **Liao, H.X.**, 2004. "Typologie syntaxique des langues des Philippines". *Faits de langues*, 23-24, 59-69.

Rickenbacher, O., 1987. *Fahendrena Malagasy. Index des proverbes malgaches,* 2 volumes. Paris: INALCO.

Shopen, T., (ed.), 1990. *Language typology and syntactic description.* Vol.III, *Grammatical categories and the lexicon.* Cambridge: Cambridge University press (l. éd. 1985).

Sims, J., 1984. *Anganon'ny Ntaolo. Tantara mampiseho ny fomban-drazana sy ny finoana sasany nananany.* Antananarivo: Printy loterana (2. éd. 1908).

Song, J.J., 1992. "A note on iconicity in causatives". *Folia linguistica,* 26/3-4, 333-338.

Sosa, E. et **M. Tooley** (ed.), 2004. *Causation.* Oxford: Oxford University press (l. éd. 1993).

Talmy, L.,1990. "Lexicalization patterns: semantic structure in lexical forms". In: T. Shopen (ed.), 97-149.

Toer, Pramoedia Ananta, 1999. *Dongeng Calon Arang.* Yogyakarta: Bentang.

Touratier, C. (éd.), 2003. *La grammaticalisation. La terminologie.* Aix-en-Provence: Publications de l'Université de Provence.

Tsimilaza, A., 2002. *Des formes de base: cas du préfixe malgache man- et du préfixe indonésien meng- =* chapitre 5 de *Réflexions linguistiques.* Toliara: non publié.

Van Valin, R.D. Jr et **Lapolla, R.J.,** 1997. *Syntax. Structure, meaning and function.* Cambridge: Cambridge University press.

Webber, J., 1853. *Dictionnaire malgache-français, rédigé selon l'ordre des racines par les missionnaires catholiques de Madagascar.* Ile Bourbon: Etablissement malgache de Notre-Dame de la Ressource.

Webber, J., 1855. *Grammaire malgache rédigée par les missionnaires catholiques de Madagascar.* Ile Bourbon: Etablissement malgache de Notre-Dame de la Ressource.

Wierzbicka, A., 1975. " Why "kill" does not mean "cause to die": the semantics of action sentences". *Foundations of language,* 13, 491-528.

CORPUS

Le corpus utilisé comprend les auteurs malgaches inclus dans les *Références* ci-avant, soit :

A. Andraina, 1998; **A. Andraina,** 2000; **E.D. Andriamalala,** 2000.

Z. Barijaona, 2000.

F. Callet, 1981.

J.A. Houlder, 1960.

J.Paulhan, 1991.

A. Rahajarizafy, 1970; **L. Ramaroson** et **N. Giambrone,** 1973; **F. Randria-mamonjy,** 2001; **P. Rapatsalahy,** 1987; **E. Rasoloarimalala,** 2000; **C. Ratsi-**

fandrihamanana, 1982; **C. Ratsifandrihamanana**, 1999; **O. Rickenbacher**, 1987.

J. Sims, 1984.

P.A. Toer, 1999.

Sauf indication explicite (*Traduction personnelle*), les énoncés extraits de Callet s'accompagnent de leur traduction par G.S. Chapus et E. Ratsimba; les proverbes empruntés à Houlder, de leur traduction par H.Noyer. Partout ailleurs c'est-à-dire dans l'ensemble des oeuvres narratives citées, les traductions proposées sont nôtres.

INDEX

Adverbes (position d') auprès des Verbes causatifs: 38.

Causative (relation) vs relation causale: 1.

Circonstanciel dans la reformulation des Phrases à affixe –*amp*-: 49, 52-55; des Phrases à affixe –*maha*-: 76-80; des Phrases à prédicat1 *manao (izay...*): 108-109.

Coordination, corrélation: 2-3.

Directif (pour qualifier les Verbes affixés par *man(a)*-: 116.

-*ha*- (morphème constituant de *miha*-, *maha*-): 63-65.

Hyper-Phrase: 5.

Infixe: 33.

Ka comparé à malais *maka*: 60; en proto-austronésien: 66.

Lexicalisation des Verbes à affixe –*amp*-: 37; des Verbes à affixe *maha*-: 72.

***Ma*-** vs *man(a)*-: 17.

Malgache classique ancien: 7; classique moderne: 8; commun (*iombonana*): 7; standard: 7.

***Man(a)*-** vs *man*-: 11-12.

Manasina vs *manao hasina*: 26.

Manamasina vs *manasina*: 24.

Manipulatif (pour qualifier les Verbes affixés par –*amp*-: 116.

***Mba*: 111.

***Mi*-:** *mi-faly* vs *faly* vs *mamalifaly*: 17-19.

Négation des Phrases à affixe *man(a)*-: 28.; des Phrases à affixe –*amp*-: 57; des Phrases à affixe *maha*-: 92-93.

Noho fonctionnellement équivalent à la construction affixale: 4; dans la reformulation des Phrases à affixe –*amp*-: 38, 48, 52, 53.

Opérateur (usage de la notion de): 5.

"Origine" (valeur d'…) attachée à l'infixe –*amp*-: 49.

Orthographe: 8.

Outil morphologique. –*amp*- servant d'outil pour la création de formes passives…: 35; *maha*- dans le même usage: 73.

Passivation des Phrases à affixe *man(a)*-: 27; des Phrases à affixe –*amp*-: 56; des Phrases à affixe *maha*-: 91-92.

Pivot (construction à): 7.

Possession intrinsèque vs extrinsèque: 20-21.

Prédicat "causateur" vs "causé": 5.

"Réalisation": voir "visée".

Référent: le relatif *izay* dépourvu de référent externe: 86.

Satria dans la reformulation des Phrases à affixe *maha*-: 14.

Sujet "causateur" vs "causé": 5.

Temps (expression du) dans les Phrases à affixe *man(a)*-: 27; dans les Phrases à affixe –*amp*-: 56; dans les Phrases à affixe *maha*-: 90.

"Tension": voir "visée".

Transitivité vs causativité: 13-14.

Valeur explicative des Phrases à affixe *–amp-*: 53-55; valeur finale des constructions relatives *izay*...: 110; valeur consécutive de *manao izay*...: 110.

Verbes causatifs morpho-syntaxiques vs lexicaux: 4.

"Visée" vs "tension" vs "réalisation" comme caractéristique sémantique des Verbes prospectifs vs conatifs vs factifs: 110.

Voix verbale vs construction causative: 6.

BIBLIOTHÈQUE DES CILL (BCILL)

VOLUMES RÉCENTS

Tous les volumes antérieurs de la BCILL sont disponibles et peuvent être commandés chez les Editions Peeters

BCILL 90: **J.-M. ELOY**, *La constitution du Picard: une approche de la notion de langue*, IV-259 pp., Louvain-la-Neuve, Peeters, 1997. Prix: 23 €. ISBN 978-90-6831-905-7.
Cet ouvrage fait le point sur le cas picard et développe une réflexion originale sur la notion de langue. À partir des théories linguistiques, de l'histoire du fait picard et d'une démarche principalement sociolinguistique, l'auteur dégage des résultats qui éclairent la question des langues régionales d'oïl, et au delà, intéressent la linguistique générale.

BCILL 91: **L. DE MEYER**, *Vers l'invention de la rhétorique. Une perspective ethnologique sur la communication en Grèce ancienne,* 314 pp., Louvain-la-Neuve, Peeters, 1997. Prix: 28 €. ISBN 978-90-6831-942-2.
L'auteur, s'inspirant des données de l'ethnologie de la communication, tente une description généalogique des différents «niveaux de conscience» du discours qui ont précédé celui de la rhétorique proprement dite. Le passage des «proto-rhétoriques», encore fortement liées à la «parole efficiente», à la rhétorique est analysé dans ses rapports aux nouveaux usages de l'écriture, à la crise de l'expérience démocratique athénienne et à l'avènement de la philosophie.

BCILL 92: **J. C. HERRERAS** (éd.), *L'enseignement des langues étrangères dans les pays de l'Union Européenne*, 401 pp. Louvain-la-Neuve, Peeters, 1998. Prix: 36 €. ISBN 978-90-429-0025-7.
L'Union Européenne, en choisissant de garder onze langues officielles, a fait le pari de la diversité linguistique. Mais cette option a aussi ses exigences, puisque, pour faciliter la mobilité des citoyens et assurer une meilleure intercompréhension à l'intérieur de la Communauté, l'apprentissage des langues des partenaires européens est indispensable. Le présent ouvrage essaie d'analyser dans quelle mesure la politique linguistique des pays membres contribue à atteindre ces objectifs.

BCILL 93: **C. DE SCHAETZEN** (éd.), *Terminologie et interdisciplinarité. Actes du Colloque organisé en avril 1996 par le Centre de terminologie de Bruxelles (Institut Libre Marie Haps) et l'Association internationale des Professeurs de Langues vivantes*, 184 pp., Louvain-la-Neuve, Peeters, 1997. Prix: 17 €. ISBN 978-90-6831-949-1.
La terminologie des spécialistes est à la fois obstacle et vecteur de communication inderdisciplinaire. Ce volume constitue les *Actes* d'un Colloque centré sur les rapports entre terminologie et inderdisciplinarité.

BCILL 94: **A. MANIET**, *Répercussions phonologiques et morphologiques de l'évolution phonétique: le latin préclassique*, XIV-303 pp., Louvain-la-Neuve, Peeters, 1997. Prix: 28 €. ISBN 978-90-6831-951-4.

L'ouvrage vise à tester, sur le plan phonique, le principe fonctionnaliste d'économie. La démonstration se base sur la série algorithmique, quantifiée, des changements phoniques qui ont fait aboutir le système d'un corpus reconstitué au système représenté par un corpus latin préclassique, y compris les variantes morphologiques.

BCILL 95: **A. TABOURET-KELLER** (éd.), *Le nom des langues. I. Les enjeux de la nomination des langues*, 274 pp., Louvain-la-Neuve, Peeters, 1997. Prix: 24 €. ISBN 978-90-6831-953-8.
Nommer une langue, loin d'être une question linguistique, relève d'enjeux qui intéressent aussi bien les institutions que les personnes et qui sont souvent contradictoires. Dans ce premier tome d'une série traitant du *nom des langues*, une dizaine d'études illustrent cette problématique en s'appliquant chacune à un cas bien particulier.

BCILL 96: **A. MEURANT**, *Les Paliques, dieux jumeaux siciliens*, 123 pp., Louvain-la-Neuve, Peeters, 1998. Prix: 13 €. ISBN 978-90-429-0235-0.
Une étude détaillée du mythe et du culte de très vieilles divinités siciliennes devenues symboles de liberté et consultées pour éprouver la bonne foi. La formation de leur légende, la nature de leur gémellité et leurs relations avec les Δέλλοι y sont particulièrement analysées.

BCILL 97: **Y. DUHOUX** (éd.), *Langue et langues. Hommage à Albert MANIET,* 289 pp., Louvain-la-Neuve, Peeters, 1998. Prix: 27 €. ISBN 978-90-429-0576-4.
Treize articles (de Y. DUHOUX, É. ÉVRARD, G. JUCQUOIS, M. LAVENCY, A. LÉONARD, G. MALONEY, P. MARTIN, A. PAQUOT, R. PATRY, E.C. POLOMÉ, É. TIFFOU, K. TUITE) traitent d'indo-européen, de grec ancien, de latin, de français contemporain, de bourouchaski, de svane, et de la langue conçue comme thermomètre social.

BCILL 98: **F. BENTOLILA** (éd.), *Systèmes verbaux*, 334 pp., Louvain-la-Neuve, Peeters, 1998. Prix: 39 €. ISBN 978-90-429-0708-9.
Les quinze descriptions présentées dans cet ouvrage, toutes fondées sur les mêmes principes théoriques, fourniront des matériaux homogènes à la typologie et à la comparaison. Les auteurs ont eu le souci de dégager les unités par commutation, de distinguer unité et variante d'unité, et de répartir les déterminants en classes sur la base de l'exclusion mutuelle. À partir de leurs travaux, on perçoit mieux la spécificité des déterminants grammaticaux du verbe par rapport aux marqueurs d'opération énonciative (assertion, interrogation, injonction), aux subordonnants et aux affixes de dérivation.

BCILL 99: **Sv. VOGELEER, A. BORILLO, C. VETTERS, M. VUILLAUME** (éds), *Temps et discours*, 282 pp., Louvain-la-Neuve, Peeters, 1998. Prix: 26 €. ISBN 978-90-429-0664-8.
Les articles réunis dans ce volume explorent trois aspects des rapports entre temps et discours: la référence temporelle; la relation entre type de discours et emploi des temps verbaux; les manifestations discursives du développement du système temporel au cours de l'acquisition. Ce livre intéressera tous les linguistes qui étudient la temporalité.

BCILL 100: *Hethitica XIV*, 177 pp., Louvain-la-Neuve, Peeters, 1999. Prix: 16 €. ISBN 978-90-429-0732-4.
Treize articles de S. de Martino, M. Forlanini, D. Groddek, R. Lebrun, M. Mazoyer, E. Neu, A. Polit, M. Popko, O. Soysal, F. Imparati.

BCILL 101: **H. FUGIER**, *Syntaxe malgache*, 253 pp., Louvain-la-Neuve, Peeters, 1999. Prix: 23 €. ISBN 978-90-429-0710-2.

Cette *Syntaxe* décrit l'état de langue dit *malgache officiel*, sur base d'un corpus dont sont analysés en détail 450 énoncés, échelonnés du *classique ancien* à la *langue commune* actuelle. Chaque classe de constituants est définie par son utilité fonctionnelle dans la construction de la phrase. L'auteur montre comment l'énoncé grammatical se complexifie par un jeu d'applications successives où interviennent des phénomènes typologiquement remarquables (voix multiples, nom verbal avec son possesseur-agent, verbes sériés...).

BCILL 102: **Ph. BLANCHET, R. BRETON, H. SCHIFFMAN** (éd.), *Les langues régionales de France: un état des lieux à la veille du XXI*^e *siècle – The Regional Languages of France: an Inventory on the Eve of the XXI*st *Century*, 202 pp., Louvain-la-Neuve, Peeters, 1999. Prix: 18 €. ISBN 978-90-429-0791-1.

Des (socio)linguistes, ethnologues, géographes, juristes et responsables de l'enseignement dressent le panorama des problèmes de six langues régionales de France: alsacien, basque, breton, corse, occitan, provençal.

BCILL 103: **S. VANSÉVEREN**, *«Prodige à voir». Recherches comparatives sur l'origine casuelle de l'infinitif en grec ancien*, 192 pp., Louvain-la-Neuve, Peeters, 2000. Prix: 18 €. ISBN 978-90-429-0835-2.

Étude sur l'origine casuelle de l'infinitif grec ancien, principalement en grec homérique. L'optique est comparative, morphologique, syntaxique, prosodique, mais surtout méthodologique, prenant en compte les problèmes fondamentaux de la grammaire comparée des langues indo-européennes. En plus du grec, sont examinés les faits en latin, sanskrit védique, avestique, hittite, arménien, tokharien, germanique, vieux slave, balte et celtique.

BCILL 104: **Yves DUHOUX**, *Le verbe grec ancien. Éléments de morphologie et de syntaxe historiques* (deuxième édition, revue et augmentée), Louvain-la-Neuve, Peeters, 2000, 561 pp. Prix: 50 €. ISBN 978-90-429-0837-6.

La deuxième édition de ce livre étudie la structure et l'histoire du système verbal grec ancien. Menées dans une optique structuraliste, les descriptions morphologiques et syntaxiques sont toujours associées, de manière à s'éclairer mutuellement. Une attention particulière à été consacrée à la délicate question de l'aspect verbal. Les données quantitatives ont été systématiquement traitées, grâce à un *corpus* de plus de 100.000 formes verbales s'échelonnant depuis Homère jusqu'au IVe siècle.

BCILL 105: **F. ANTOINE**, *Dictionnaire français-anglais des mots tronqués*, LX-209 pp., Louvain-la-Neuve, Peeters, 2000. Prix: 24 €. ISBN 978-90-429-0839-0.

Ce dictionnaire bilingue français-anglais présente les mots tronqués ("doc" pour "docteur", etc.) du français. Il propose pour chaque terme: une traduction en anglais la plus fidèle possible du point de vue historique et stylistique; des mises en contexte propres à faire apparaître d'autres traductions; des citations qui l'illustrent; l'information lexicologique pertinente. L'ouvrage est précédé d'une étude des aspects historiques, sociologiques, morphologiques et psychologiques des mots tronqués.

BCILL 106: **F. ANTOINE**, *An English-French Dictionary of Clipped Words*, XLIV-259 pp., Louvain-la-Neuve, Peeters, 2000. Prix: 27 €. ISBN 978-90-429-0840-6.

This book is a bilingual dictionary of English clipped words ("doc" for "doctor", etc.).

It offers for each headword: one or several translations into French, which aim to be as accurate as possible from the historical and stylistic point of view; examples of usage to show other possible translations; illustrative quotations; the pertinent lexicological data. The dictionary proper is preceded by an analysis of the historical, sociological, morphological and psychological aspects of clippings.

BCILL 107: **M. WAUTHION - A. C. SIMON** (éd.), *Politesse et idéologie. Rencontres de pragmatique et de rhétorique conversationnelles*, 369 pp. Louvain, Peeters, 2000. Prix: 33 €. ISBN 978-90-429-0949-6.
Ce volume représente les actes du colloque qui, en novembre 1998, a réuni à Louvain-la-Neuve une trentaine de chercheurs francophones pour explorer les rapports entre linguistique et littérature autour du thème de la politesse des échanges et de la rhétorique des conversations. Ces univers scientifiques distincts nous rappellent la vocation de la politesse à agir dans la science classique comme dénominateur commun du savoir et du savoir-vivre.

BCILL 108: **L. BEHEYDT — P. GODIN — A. NEVEN — B. LAMIROY — W. VAN BELLE — J. VAN DER HORST — W. VAN LANGENDONCK** (éd.), *Contrastief onderzoek Nederlands-Frans / Recherches contrastives néerlandais-français*, 239 pp., Louvain, Peeters, 2001. Prix: 21 €. ISBN 978-90-429-1004-1.
Ce recueil interpellera linguistes, didacticiens, traducteurs et enseignants soucieux de voir leurs pratiques éclairées par les données de la recherche. Problèmes de phonétique et de morphologie, de syntaxe et de sémantique, démarches fonctionnelles et cognitives conduiront le lecteur à bien des considérations, parfois audacieuses, toujours dûment motivées. Ces textes ont été présentés lors du colloque de linguistique contrastive "Néerlandais-Français" organisé en étroite collaboration entre l'UCL et la KUL, en mars 2000 à Louvain-la Neuve.

BCILL 109: *Hethitica XV. Panthéons locaux de l'Asie Mineure pré-chrétienne. Premier Colloque Louis Delaporte – Eugène Cavaignac (Institut Catholique de Paris, 26-27 mai 2000), Acta Colloquii edenda curavit* René LEBRUN, 244 pp., 2002. Prix: 23 €. ISBN 978-90-429-1199-4.

BCILL 110: **J. PEKELDER**, *Décodage et interprétation. Ordres linguistique, iconique et pragmatique en néerlandais contemporain*, 298 pp. Louvain, Peeters, 2002. Prix: 42 €. ISBN: 978-90-429-1139-0.
Quel est le comportement du récepteur natif en néerlandais contemporain? Quelles sont les stratégies de décodage et d'interprétation de l'organisation linéaire des constituants? Comment construire valablement un modèle permettant de simuler ces stratégies? Telles sont les principales questions qu'aborde ce livre.

BCILL 111: **P. LORENTE FERNÁNDEZ**, *L'aspect verbal en grec ancien. Le choix des thèmes verbaux chez Isocrate*, 400 pp., Louvain, Peeters, 2003. Prix: 36 €. ISBN 978-90-429-1296-0.
Cet ouvrage présente une approche nouvelle du difficile problème de l'aspect verbal en grec ancien. Utilisant une base informatisée de 14980 formes verbales, il étudie en détail une cinquantaine de facteurs (morphologiques, syntaxiques et lexicaux) susceptibles d'avoir une incidence sur le choix aspectuel. Il en résulte que les temps de 95% des formes du corpus sont explicables par un ou plusieurs facteurs dont l'influence est statistiquement démontrable.

BCILL 112: **H. BOUILLON** (éd.), *Langues à niveaux multiples. Hommage au Professeur Jacques Lerot à l'occasion de son éméritat*, 284 pp. Louvain, Peeters, 2004. Prix: 25 €. ISBN 978-90-429-1428-5.

Une moisson de faits de langue dans des cultures aussi bien proches qu'éloignées comme le Burundi ou Madagascar, examinés d'un point de vue linguistique, littéraire ou didactique: c'est ce que rassemblent les 18 articles de ce volume offert à Jacques Lerot à l'occasion de son éméritat. Leurs 21 auteurs ont voulu exprimer leur amitié au collègue émérite en employant les langues qui lui tiennent à cœur, français, allemand, néerlandais ou anglais.

BCILL 113: **É. TIFFOU** (éd.), *Bourouchaskiana. Actes du Colloque sur le bourouchaski organisé à l'occasion du XXXVIe Congrès international sur les Études asiatiques et nord-africaines (Montréal, 27 août — 2 septembre 2002)*, 124 pp., Louvain-la-Neuve, Peeters, 2004. Prix: 15 €. ISBN 978-90-429-1528-2

Ces *Bourouchaskiana* présentent un panorama des connaissances relatives au bourouchaski, langue sans parenté démontrée et qui constitue un isolat parlé par seulement quelques dizaines de milliers de locuteurs dans l'extrême nord du Pakistan. On y trouvera six articles dus à cinq éminents spécialistes: E. Bashir, H. Berger, Y. Morin, É. Tiffou et H. van Skyhawk.

BCILL 114: **R. GÉRARD**, *Phonétique et morphologie de la langue lydienne*, 130 pp., Louvain-la-Neuve, Peeters, 2005. Prix: 15 €. ISBN 978-90-429-1574-9

Le lydien est une langue indo-européenne appartenant au groupe anatolien, à l'instar du hittite, du louvite, du palaïte, du lycien ou du carien. Elle est attestée par des inscriptions datées des VIIIe-IIe s. av. J.-C. Ce livre présente un état des lieux le la phonétique et de la morphologie lydienne.

BCILL 115: **L. FILLIETTAZ – J.-P. BRONCKART** (éd.), *L'analyse des actions et des discours en situation de travail. Concepts, méthodes et applications*, 264 pp., Louvain-la-Neuve, Peeters, 2005. Prix: 33 €. ISBN 978-90-429-1612-8.

Cet ouvrage porte sur la dimension langagière des activités de travail. Il propose un ensemble de considérations théoriques et méthodologiques permettant d'en rendre compte. Ses contributions analysent des données empiriques issues de domaines professionnels variés (industrie, agriculture, services, école, formation professionnelle, etc.). Les points de vues envisagés sont eux-mêmes divers : psychologie du travail, didactique professionnelle, différents courants en linguistique du discours et de l'interaction.

BCILL 116: **W. O. DESMOND**, *Paroles de traducteur. De la traduction comme activité jubilatoire. Avant-propos de F. ANTOINE*, X-135 pp., Louvain-la-Neuve, Peeters, 2005. Prix: 16 €. ISBN 978-90-429-1626-5.

Paroles de traducteur est dû à un grand de la traduction contemporaine, William O. DESMOND – il a, entre autres, traduit en français Stephen King ou Donna Leon et est actuellement associé au DESS de traduction de l'Université de Bordeaux. Ce volume rassemble une belle moisson de réflexions concrètes, nourries par une longue pratique et soutenues par une claire vision de ce qu'est l'activité du traducteur.

BCILL 117: **E. CRESPO – J. DE LA VILLA – A. R. REVUELTA** (eds.), *Word Classes and Related Topics in Ancient Greek. Proceedings of the Conference on 'Greek Syntax and Word Classes' held in Madrid on 18-21, June 2003*, 584 pp., Louvain-la-Neuve, Peeters, 2006. Prix : 49 €. ISBN 978-90-429-1737-8.
This book presents an up-to-dated and thorough treatment of an important part of the syntax of Ancient Greek, the Word Classes. It reflects a large part of the research on Ancient Greek Syntax nowadays. It intends to be useful for classicists, historical linguists and Hellenists.

BCILL 118: **J. AMERLYNCK**, *Phraséologie potagère. Les noms de légumes dans les expressions françaises contemporaines.* Préface de Gaston GROSS. Illustrations de Th. AMERLYNCK, 250 pp., Louvain-la-Neuve, Peeters, 2006. Prix: 23 €. ISBN 978-90-429-1738-5.
La langue d'aujourd'hui regorge encore d'expressions figurées empruntées au monde des légumes. C'est que le potager inspire toujours le français du XXIᵉ siècle: d'*avoir la patate* à *être dans les choux*, voire même à *tremper son poireau...* Ce livre fait l'inventaire de tout ce trésor potager, en retraçant l'évolution du sens et de la forme de ces locutions pleines de saveur.

BCILL 119: **G. STELL**, *Luxembourgish standardization. Context, ideology and comparability with the case of West Frisian*, 91 pp., Louvain-la-Neuve, Peeters, 2006. Prix: 10 €. ISBN 978-90-429-1847-4.
Labelled the 'youngest Germanic language', Luxembourgish is still in the process of being standardized. The modalities of this process have sought their justification in the imagery of a common Luxembourgish language already established in everyday practice. Confronting that imagery with data on actual language reality in Luxembourg, this book attempts to draw a parallel between Luxembourgish and the more standardized, but sociolinguistically comparable West Frisian.

BCILL 120: **Y. DUHOUX – A. MORPURGO DAVIES** (eds.), *A Companion to Linear B. Mycenaean Greek Texts and their World,* Volume I, 430 pp., 2008. Prix: 55 €. ISBN 978-90-429-1848-1.
Linear B is the earliest form of writing used for Greek. The tablets written in this script offer crucial information about the Mycenaean Greeks and their time. This *Companion* aims at not only summarizing the results of current research but also trying to explain the problems which arise from the study of the texts and the methods wich can be used to solve them. It is aimed both at the beginner who needs an introduction to this area and to advanced scholars (archaeologists, historians, classicists) who require an up-to-date account which can serve as a standard reference tool and highlight the remaining problems.

BCILL 121: **E. ADAMOU** (éd.), *Le nom des langues II. Le patrimoine plurilingue de la Grèce,* 153 pp., Louvain-la-Neuve, Peeters, 2008. Prix: 15 €. ISBN 978-90-429-2059-0.
Cet ouvrage présente les langues les moins parlées en Grèce contemporaine, héritage des empires byzantin et ottoman. S'appuyant sur des enquêtes de terrain, les auteurs présentent des informations sur la situation linguistique, sociolinguistique et historique de chaque langue, de même que sur son ou ses nom(s). Ces données sont indispensables pour appréhender le contexte général et les enjeux de la nomination des langues.

BCILL 122: **H. FUGIER**, *Les constructions causatives en malgache,* 132 pp., Louvain-la-Neuve, Peeters, 2009. Prix: 15 €. ISBN 978-90-429-2174-0.

Les constructions causatives en malgache décrivent les affixes (tous d'origine austroné-sienne) *man(a)-, -amp- et maha-* qui, adjoints à des radicaux verbaux/adjectivaux/nominaux, produisent des verbes causatifs. Ceux-ci ont en commun leur construction "à pivot", mais leur interprétation varie suivant la position et l'effet fonctionnel de chaque affixe, en explicitant les différentes valeurs de: production d'un effet, explication justi-ficative, ingrédience…

SÉRIE PÉDAGOGIQUE DE L'INSTITUT DE LINGUISTIQUE DE LOUVAIN (SPILL)

VOLUMES RÉCENTS

Tous les volumes antérieurs de la SPILL sont disponibles et peuvent être commandés chez les Editions Peeters

SPILL 20: C. CAMPOLINI, V. VAN HÖVELL, A. VANSTEELANDT, *Dictionnaire de Logopédie: Le développement normal du langage et sa pathologie.* XVI-138 pages; 1997. Prix: 12 €. ISBN 978-90-6831-897-5.
Cet ouvrage rassemble les termes utilisés en logopédie-orthophonie pour décrire la genèse du langage et les troubles qui peuvent entraver les processus normaux de son acquisition. Première étape d'une réflexion qui cherche à construire un outil terminologique spécialement destiné aux professionnels du langage, il s'adresse également aux parents et enseignants, témoins privilégiés de l'évolution linguistique des enfants.

SPILL 21: Fr. THYRION, *L'écrit argumenté. Questions d'apprentissage,* 285 pp., Louvain-la-Neuve, Peeters, 1997. Prix: 25 €. ISBN 978-90-6831-918-7.
Ce livre est destiné aux enseignants du secondaire et du supérieur qui ont à enseigner la tâche créative à haut degré de complexité qu'est l'écrit argumenté. Les opérations d'un apprentissage progressif et adapté au niveau des apprenants y sont passées en revue, de même que les étapes et les indices de la maîtrise du processus.

SPILL 22: C. CAMPOLINI, V. VAN HÖVELL, A. VANSTEELANDT, *Dictionnaire de logopédie: Les troubles logopédiques de la sphère O.R.L.,* XV-123 pages; 1998. Prix: 15 €. ISBN 90-429-0006-7.
Ce livre est une suite logique d'un premier ouvrage et se veut une étape dans la construction d'un dictionnaire exhaustif du langage logopédique. Il aborde les domaines du dysfonctionnement tubaire, de l'orthopédie dento-faciale, de la dysphagie et dysphonies. S'il s'adresse bien sûr aux logopèdes-orthophonistes, il cherche aussi à interpeller les spécialistes de l'équipe pluridisciplinaire et susciter ainsi la rencontre de savoir-faire complémentaires.

SPILL 23: Ph. BLANCHET, *Introduction à la complexité de l'enseignement du français langue étrangère,* 253 pp., Louvain-la-Neuve, Peeters, 1998. Prix: 23 €. ISBN 978-90-429-0234-3.
Cet ouvrage novateur propose un parcours à travers les questions fondamentales qui se posent quant à la diffusion et l'enseignement du «Français Langue Étrangère». On les examine de points de vue issus de courants scientifiques récents (interculturalité, pragmatique, sociolinguistique, sciences de l'éducation), dans une éthique pluraliste respectueuse de l'Autre, associant diversité et unité. Une bibliographie fournie étaye le propos et ouvre vers des développements ultérieurs. Ce livre s'adresse à ceux qui désirent s'initier à la didactique des langues, s'orienter vers l'enseignement et la diffusion du F.L.E., ainsi que plus largement à tous ceux que la question des langues et de culture intéresse.

SPILL 24: **J. GRAND'HENRY**, *Une grammaire arabe à l'usage des Arabes*, 154 pp., Louvain-la-Neuve, Peeters, 1999. Prix: 13 €. ISBN 978-90-429-0761-4.

L'étudiant francophone qui souhaite apprendre la langue arabe dans une université européenne utilisera généralement une grammaire arabe rédigée en français par un arabisant, et il y en a d'excellentes. S'il dépasse le niveau élémentaire et veut se perfectionner par des séjours linguistiques en pays arabe, il se trouvera rapidement confronté à un problème difficile: celui de la grammaire arabe à l'usage des Arabes, la seule employée par les enseignants arabophones dans l'ensemble du monde arabe, qu'elle s'adresse à des étudiants arabophones ou non. Pour cette raison, l'auteur du présent ouvrage s'efforce depuis plusieurs années d'initier ses étudiants au vocabulaire technique de la grammaire arabe destinée aux Arabes. On aperçoit l'avantage d'une telle méthode: permettre à l'étudiant francophone d'aborder d'emblée des cours de perfectionnement de niveau supérieur en pays arabe, en ayant acquis au préalable les bases indispensables. Il s'agit ici de la traduction et des commentaires d'un manuel libanais largement utilisé dans les écoles du monde arabe.

SPILL 25: **C. CAMPOLINI, V. VAN HÖVELL, A. VANSTEELANDT**, *Dictionnaire de logopédie: Le développement du langage écrit et sa pathologie.* Louvain-la-Neuve, Peeters, 2000. Prix: 15 €. ISBN 978-90-429-0862-8.

Ce troisième volet du «dictionnaire de logopédie» s'inscrit comme une suite logique des deux ouvrages qui l'ont précédé. Après avoir envisagé le langage oral, son évolution normale et les troubles qui peuvent entraver son développement, les auteurs se devaient de prolonger leur réflexion en se penchant sur le langage écrit dont le point d'encrage s'appuie sur un ensemble de bases linguistiques, préalablement intégrées.

SPILL 26: **C. CAMPOLINI, A. TIMMERMANS, A. VANSTEELANDT,** *Dictionnaire de logopédie. La construction du nombre.* Louvain-La-Neuve, Peeters, 2002. Prix: 15 €. ISBN 978-90-429-1093-5.

Cet ouvrage prolonge la réflexion terminologique poursuivie dans le secteur de la logopédie. Les auteurs abordent ici un domaine qui peut apparaître, de prime abord, assez éloigné de la vocation paramédicale première des logopèdes. L'élaboration de la notion de nombre est d'ailleurs un domaine qui intéresse tout autant les enseignants, les psychologues et les éducateurs en général, spécialisés ou non. Les logopèdes sont pourtant souvent sollicités pour la rééducation des troubles d'apprentissage en calcul dont les causes profondes doivent être recherchées dans les toutes premières étapes du développement cognitif.

SPILL 27: **C. CAMPOLINI, F. TOLLET, A. VANSTEELANDT**, *Dictionnaire de logopédie. Les troubles acquis du langage, des gnosies et des praxies.* Louvain-La-Neuve, Peeters, 2003. Prix: 25 €. ISBN 978-90-429-1278-6.

Cet ouvrage constitue le cinquième volume d'une série consacrée à la réflexion terminologique relative au langage spécifique des logopèdes-orthophonistes. Les auteurs abordent ici le vaste domaine des troubles acquis suite à une atteinte cérébrale. La recherche a permis de mettre en évidence la complexité des pathologies rencontrées qui débordent le cadre, déjà large pourtant, des symptômes langagiers. Les practiciens se doivent d'aborder les patients dans une perspective globale en tenant compte de l'ensemble des perturbations cognitives. Si beaucoup de questions restent encore en suspens, cette recherche permet de faire un état actuel de la question et de clarifier des notions qui restent souvent très floues pour les practiciens.